新时代思想政治教育主导性研究

黄煌华　著

XINSHIDAI SIXIANG ZHENGZHI JIAOYU
ZHUDAOXING YANJIU

SPM
南方传媒　广东人民出版社
·广州·

图书在版编目（CIP）数据

新时代思想政治教育主导性研究 / 黄煌华著. —广州：广东人民出版社，2023.10

ISBN 978-7-218-16792-3

Ⅰ.①新… Ⅱ.①黄… Ⅲ.①思想政治教育—研究—中国 Ⅳ.①D64

中国国家版本馆CIP数据核字（2023）第151391号

XINSHIDAI SIXIANG ZHENGZHI JIAOYU ZHUDAOXING YANJIU

新时代思想政治教育主导性研究

黄煌华　著

出 版 人：肖风华

出版统筹：卢雪华
责任编辑：伍茗欣
责任校对：林　俏
装帧设计：奔流文化
责任技编：吴彦斌　周星奎

出版发行：广东人民出版社
地　　址：广州市越秀区大沙头四马路 10 号（邮政编码：510199）
电　　话：（020）85716809（总编室）
传　　真：（020）83289585
网　　址：http://www.gdpph.com
印　　刷：广州小明数码印刷有限公司
开　　本：787mm×1092mm　1/16
印　　张：16.25　字　　数：260 千
版　　次：2023 年 10 月第 1 版
印　　次：2023 年 10 月第 1 次印刷
定　　价：58.00 元

如发现印装质量问题，影响阅读，请与出版社（020-85716849）联系调换。
售书热线：020-87716172

C目录
ONTENTS

第一章　导　论

一、研究缘起和意义　　　　　　　　　　　· 002

二、国内外相关研究综述　　　　　　　　　· 007

三、研究思路与方法　　　　　　　　　　　· 018

第二章　思想政治教育主导性相关概念概述

第一节　主导性的概念　　　　　　　　　· 022

一、主导性是主客体关系中的能动性　　　　· 023

二、主导性是系统结构中的决定性　　　　　· 025

三、主导性是多样性结构中的统领性　　　　· 028

第二节　思想政治教育主导性的概念　　　· 030

一、思想政治教育主导性的含义　　　　　　· 030

二、思想政治教育主导性、阶级性、主体性的概念辨析　· 039

第三节　思想政治教育主导性相关概念的逻辑关系　·042

一、主导性与"生命线"的关系　·042

二、主导性与合法性的关系　·045

三、主导性与权威的关系　·047

第三章　思想政治教育主导性理论探源

第一节　马克思主义关于思想政治教育主导性理论　·050

一、马克思恩格斯统治阶级思想统治理论　·050

二、马克思恩格斯的意识形态教育理论　·053

三、马克思恩格斯的政治权威观　·055

四、列宁关于教育与政治关系理论　·058

五、列宁的灌输理论　·060

第二节　中国共产党的"生命线"论断　·061

一、"生命线"论断的提出："生命线"到"灵魂"的
　　升华　·061

二、"生命线"的继承发展：一切工作的生命线　·063

三、"生命线"的内涵深化："中心环节"与"政治
　　优势"　·066

四、"生命线"的创新发展：育人为本，德育为先　·067

五、"生命线"的时代升华：实现党性和人民性的统一　·069

第四章　新时代思想政治教育主导性的本质表征

第一节　新时代思想政治教育主导性的本质属性　· 074

一、主导性与主体性的实然统一　· 074

二、党性与人民性的实践统一　· 079

三、统一性与多样性的动态统一　· 083

第二节　新时代思想政治教育主导性的表现形式　· 086

一、主体的主导性——坚持和加强党的全面领导　· 086

二、目标的引领性——围绕中心，服务大局　· 091

三、方向的引导性——坚持中国特色社会主义发展方向　· 094

四、内容的先进性——发展中国特色社会主义理论体系　· 098

五、方式的科学性——坚持正面宣传为主　· 103

第三节　新时代思想政治教育主导性的时代特色　· 107

一、党的领导核心地位不断增强　· 109

二、人民为中心取向日益突出　· 110

三、主流意识形态导向更加鲜明　· 111

四、中国梦目标指向清晰突显　· 112

第五章　新时代思想政治教育主导性的价值意蕴

第一节　新时代思想政治教育主导性的价值出场　· 116

一、基于推进政治建设的时代观照　· 116

二、加强意识形态工作的理论诉求 · 118

三、促进国家治理现代化的逻辑需要 · 119

第二节　新时代思想政治教育主导性的价值彰显 · 121

一、促使教育对象自觉服从主导 · 121

二、实现思想政治教育"四个服务" · 124

三、巩固团结奋斗共同思想基础 · 128

第三节　新时代思想政治教育主导性的价值导向 · 133

一、维护党的领导 · 133

二、巩固社会主义制度 · 135

三、增强人民获得感 · 137

第六章　新时代思想政治教育主导性的现实审视

第一节　新时代思想政治教育主导性的时代机遇 · 142

一、新时代党对育人队伍的重视 · 142

二、新时代意识形态建设工作的加强 · 147

三、新时代社会主义核心价值观主导性的强化 · 150

第二节　新时代思想政治教育主导性的时代挑战 · 155

一、全媒体时代对教育者主导地位的冲击 · 155

二、历史方位转变对意识形态管理的新要求 · 158

三、社会发展对主导成效的影响 · 162

第七章　新时代思想政治教育主导性的评价反馈

第一节　新时代思想政治教育主导性评价的实质特点 ·166

一、新时代思想政治教育主导性评价是对思想政治教育
主导性的性质判断　·166

二、新时代思想政治教育主导性评价是对思想政治教育
主导性的程度判断　·169

三、新时代思想政治教育主导性评价与思想政治教育评价
的关系　·170

四、新时代思想政治教育主导性评价的特点　·171

第二节　新时代思想政治教育主导性评价的标准构建 ·175

一、实践标准：是否促进思想政治教育目标的实现　·176

二、角色标准：是否实现思想政治教育者角色自觉　·178

三、知识标准：是否为巩固和发展中国特色社会主义制度
提供知识支撑　·180

四、价值标准：是否得到人民的认可　·181

第三节　新时代思想政治教育主导性评价的反馈调节 ·184

一、主导性效果评价反馈的途径　·185

二、主导性效果评价调节的方式　·186

第八章　新时代思想政治教育主导性的发展考量

第一节　重构教育者权威消解全媒体时代冲击　·190

一、以专业自觉获得权威身份　·193

二、以情感自觉构建感召权威　·195

三、以角色自觉维护主导地位　·198

第二节　创新意识形态治理回应历史方位转变要求　·202

一、坚持党的坚强领导，融合多元治理主体　·204

二、融入现代治理理念，丰富意识形态体系建构　·207

三、坚持党的有效治理，形成意识形态多维传播　·209

第三节　强化社会主义核心价值观主导应对现代化发展
　　　　挑战　·213

一、扣准"人民主体"的诉求对接，破解多变性干扰　·213

二、推进社会主义核心价值观认同，化解多元化冲击　·217

三、遵循"内容为王"的培育规律，应对泛娱乐化影响　·222

结　语　·226

主要参考文献　·230

后　记　·247

第一章

导　论

　　坚持思想政治教育主导性，既是开展思想政治工作的本质要求，也是党和国家始终坚持的优良传统和政治优势。主导性是贯穿思想政治教育活动的鲜明特性，会随时代的变化而呈现相应的特点。进入新时代，世界面临百年未有之大变局和我国改革开放进行时的持续推进，我国社会呈现出日益开放多元的特点，如何在多元思想中强化主导性，巩固党和人民团结奋斗的思想基础，为第二个百年奋斗目标的实现凝聚价值共识便成为新时代思想政治教育的重要论题。

　　在具体展开对新时代思想政治教育主导性研究之前，有必要对这一课题的研究意义、研究现状以及研究的思路方法作简单的介绍，以利于整体了解本研究的概况。

一、研究缘起和意义

（一）研究缘起

第一，新时代党中央高度重视思想政治工作，为其主导性的发展创造了机遇。

自党的十八大以来，思想政治工作受到党中央的高度重视，党中央根据新时代中国特色社会主义发展要求，提出了系列新思想和新论述，突出思想政治工作在新时代的重要定位。如习近平在2013年全国宣传思想工作会议上强调"意识形态是党的一项极端重要的工作"[①]，而思想政治工作属于意识形态工作的重要组成部分；在全国高校思想政治工作会议上，习近平强调高校思想政治工作关系培养人的问题；同时，党的十八大以来，党中央也发布相关的文件在实践中提升思想政治教育质量。如2017年印发《关于加强和改进新形势下高校思想政治工作的意见》强调要把理想信念放在首位，2017年教育部重新修订《普通高等学校辅导员队伍建设规定》把立德树人作为中心环节，并将思想理论教育和价值引领作为辅导员工作职责的首要任务，2020年由教育部等八部委发布《关于加快构建高校思想政治工作体系的意见》指出以立德树人为根本，以理想信念教育为核心，以建立完善全员、全程、全方位育人体制机制为关键，全面提升高校思想政治工作质量。党中央在思想意识和工作实践上对思想政治工作的重视，极大提升新时代思想政治教育地位，也为其主导性创造了发展机遇：

从教育者主动主导地位保障的角度看，党的十八大以来，党对育人

[①] 《胸怀大局把握大势着眼大事　努力把宣传思想工作做得更好》，《人民日报》2013年8月21日。

队伍建设的重视，凸显新时代思想政治教育者的主体性。以习近平同志
为核心的党中央关于教师教育及建设的思想中提到教师的作用及对教育
者的要求，这既是教育者主体性作用发挥的重要依据，也是教育者主体
性作用发挥所必须遵循的规范，是对教育者主体地位的确认。党和国家
也将育人队伍建设作为重要的工程，出台了相关的队伍建设制度，为教育
者主体性作用的发挥提供了有力的保障。从确认教育对象主体地位的角度
看，新时代坚持以人民为中心的价值取向，强调高校的思想政治理论课和
学生教育要坚持以学生为主体。在思想政治教育中，人民和学生分属于广
义和狭义的教育对象，相关论断再一次凸显对教育对象主体地位的重视。

　　从意识形态本质彰显的角度看，党的十八大以来，党和国家高度
重视意识形态工作，提出必须牢牢掌握意识形态工作领导权，突出社会
主义意识形态的战略地位。党的十八大以来，"党是领导一切的"的命
题不断被强化提出。党的十九大报告指出"党政军民学，东西南北中，
党是领导一切的"[①]，党的二十大报告再次重申"坚决维护党中央权威
和集中统一领导，把党的领导落实到党和国家事业各领域各方面各环
节"[②]，通过坚持党对意识形态的领导，突出社会主义意识形态凝神聚
力的作用。党的十九届四中全会提出要坚持马克思主义在意识形态领域
指导地位的根本制度，党的十九届六中全会审议通过的《中共中央关于
党的百年奋斗重大成就和历史经验的决议》明确提出"党的百年奋斗展
示了马克思主义的强大生命力"[③]，进一步凸显马克思主义在意识形态

---

① 习近平：《决胜全面建成小康社会　夺取新时代中国特色社会主义伟大胜利——在
中国共产党第十九次全国代表大会上的报告》，北京：人民出版社2017年版，第20页。

② 习近平：《高举中国特色社会主义伟大旗帜　为全面建设社会主义现代化国家而团
结奋斗——在中国共产党第二十次全国代表大会上的报告》，北京：人民出版社2022年版，
第26页。

③ 《中共中央关于党的百年奋斗重大成就和历史经验的决议》，北京：人民出版社
2021年版，第63页。

领域的指导地位。

从一元导向突出的角度看，党的十八大以来，一方面从重要战略定位的角度论述社会主义核心价值观在新时代的培育发展，突出其主导功能；另一方面明确指出新时代社会主义核心价值观的培育路径，有利于社会主义核心价值观引领作用的发挥，这充分体现了新时代社会主义核心价值观主导性的强化。

十八大以来，党和国家对思想政治工作的高度重视，为新时代思想政治教育主导性创造了发展机遇。思想政治教育主导性在新时代不断得到强化，表现为党的领导核心不断增强，人民获得感更强，更愿意自觉服从并认同中国共产党。

第二，新时代国家和社会发展环境的变化也为思想政治教育主导性的发展带来了挑战。

进入新时代，我国的5G技术发展位于世界前列，人工智能等媒介也进入加速发展阶段，以网络信息技术的发展作为基础的新媒体传播的影响将越来越大，每个人均可成为传播的信息源，这标志着我国进入全媒体时代。全媒体时代人人均可成为传播者、人人均可成为信息源，信息可以突破时空的束缚、实时无差别的传输更是对思想政治教育主导性中教育者的主导地位形成冲击。中国特色社会主义进入新时代，是我国发展新的历史方位。从民族复兴的角度看，新的历史方位对意识形态管理主体提出新的要求；从科学社会主义发展的角度看，新的历史方位对意识形态管理内容提出新的要求；从中国日益走向世界舞台中央的角度看，意识形态管理环境发生了变化，意识形态管理也面临着新的要求。十九大将"决胜全面建成小康社会、进而全面建设社会主义现代化强国的时代"[1]作为"新时代"的定位，实现社会主义现代化是发展中国特

---

[1] 习近平：《决胜全面建成小康社会　夺取新时代中国特色社会主义伟大胜利——在中国共产党第十九次全国代表大会上的报告》，北京：人民出版社2017年版，第11页。

色社会主义的总任务之一。二十大报告鲜明指出："从现在起，中国共产党的中心任务就是团结带领全国各族人民全面建成社会主义现代化强国、实现第二个百年奋斗目标，以中国式现代化全面推进中华民族伟大复兴。"①实现现代化发展是国家和社会发展的成就，同时也会伴随相应的现代化问题。在现代化发展中社会的快速发展使人们的需求也处于不断地发展变化中，社会发展需要呈现多元多变的发展特点，呈现多变性对一元主导内容稳定性的干扰；在现代社会发展中，强调个人的独立意识和自主意识，伴随而来的是每个人都是主体，都有自己的想法和意识，党和国家所倡导的社会主义核心价值体系如何在这样的背景下获取理性权威，如何凝聚共识，如何获得感召力，得到社会群众的普遍认同是一元主导中所面临的迫切问题。在娱乐化成为流行趋势的背景下，社会主义核心价值体系的一元主导成效应该如何发挥？如何既借助新媒体技术增强理论的感召力，发挥主导性，又如何发挥价值引领，避免庸俗化和媚俗化，这是新时代思想政治教育主导性在社会现代化发展中必须直视的挑战，也是思想政治教育者必须努力解决的问题。

新时代的历史方位创造了新的机遇，同时新时代也带来环境变化的挑战。主导性贯穿于思想政治教育活动中，是一种鲜明的特性，也会随着时代发展呈现相应的特点。因此有必要根据新时代形势的变化开展对新时代思想政治教育主导性的理论研究，为主导性的发展实践提供科学论证以及理论补充，从而更好地适应新时代中国特色社会主义的发展需要。

（二）研究意义

本研究以新时代中国特色社会主义发展实践为现实背景，以党中央

---

① 习近平：《高举中国特色社会主义伟大旗帜　为全面建设社会主义现代化国家而团结奋斗——在中国共产党第二十次全国代表大会上的报告》，北京：人民出版社2022年版，第21页。

在新时代治国理政理论作为逻辑线索，以思想政治教育主导性内涵界定为基础，对其时代表征及在新时代的发展强化进行考察，主要有以下两方面的研究意义：

1. 理论意义

（1）有利于拓展思想政治教育相关理论的研究。主导性研究是思想政治教育学科的元问题，本研究从"主导性"一词的哲学本义切入，探讨什么是思想政治教育主导性，分析思想政治教育中主导性与权威、主体性、合法性等概念之间的逻辑关系，有利于拓展思想政治教育关于主导性、主体性、意识形态性等方面的理论研究。

（2）对思想政治教育主导性理论研究的进一步补充深化。目前学界已经有与主导性相关的研究。但是，思想政治教育是改造人的思想和行为的活动，伴随党和国家的发展需要而不断进行调整。因此，立足于新时代的背景，必须根据新时代思想政治教育发展面临的机遇和挑战，围绕新时代中国特色社会主义发展的核心要义，从理论上探讨新时代思想政治教育主导性的时代特性，为什么具有主导性以及为什么需要主导性，如何强化以及如何评价新时代思想政治教育主导性的成效，以期对主导性的相关理论研究进行拓展补充，促进思想政治教育主导性理论研究的深化发展。

2. 现实意义

（1）有利于提升思想政治工作的质量。新时代思想政治工作关系"培养什么人、如何培养人以及为谁培养人的根本问题"[①]，新时代思想政治教育主导性突出教育者的主动主导及教育对象主体性、彰显社会主义意识形态本质以及突显一元导向性，这三个方面的内涵是对新时代

① 《把思想政治工作贯穿教育教学全过程　开创我国高等教育事业发展新局面》，《人民日报》2016年12月9日。

思想政治工作培养人的根本问题的回应，也是新时代提升思想政治工作质量的题中之义。因此，立足于新时代的特点，研究思想政治教育主导性在新时代的发展变化以及如何强化主导性有利于提升新时代思想政治工作质量。

（2）有利于思想政治教育主导性作用的发挥。本研究通过历史溯源及理论分析研究思想政治教育主导性的生成，立足新时代的现实背景，分析新时代思想政治教育主导性的时代特性及其在新时代的价值，探讨主导性在新时代的发展机遇及其在发展中面临的挑战，并根据目前党中央治国理政的理论逻辑及中国特色社会主义发展实践研究主导性继续强化的方式，有利于新时代思想政治教育主导性作用的发挥。

二、国内外相关研究综述

（一）国内研究现状

根据研究内容及现有的基础研究，可分为三大部分：

1. 思想政治教育主导性研究

（1）思想政治教育主导性的内涵。

石书臣（2004）曾就思想政治教育主导性进行过系统考察。他认为本质层面主导性"具有引导、选择的特点"，功能层面主导性即"思想政治教育处于主导地位"[①]。在他看来，思想政治教育主导性功能表现为阶级性功能。同时，他分析了思想政治教育主导性生成根源：生产力发展水平、思想统治需要、人的信仰追求以及实践活动。[②]他还阐述

---

① 石书臣：《思想政治教育主导性概念的界定与内涵》，《学校党建与思想教育》2004年第7期，第14页。

② 石书臣：《思想政治教育主导性的生成根源探析》，《广西教育学院学报》2008年第2期，第8页。

党的传统思想政治教育中坚持主导性的基本内容包括主导目标（主要体现在政治方向上，就是坚持马克思主义方向、社会主义方向和共产主义的方向）、主导内容（马克思列宁主义、毛泽东思想以及党的中心任务）、主导方法（在思想政治教育中发挥了积极作用的方法）。[①]

郑永廷（2012）从学科视角指出思想政治教育学科主导性是学科"主导地位和服务思想政治教育实践发挥主导作用的特性"[②]。郭鹏飞，肖磊（2015）从人民性与主导性关系的角度界定主导性，认为"人民性与思想政治教育主导性本质的关系实质上是其人民性与党性的关系"，"主导的对象是人民，主导的目标是服务人民，主导的主体是人民中的先进分子，主导的本质是人民满意和人民发展发达"。[③]也有学者将思想政治教育主导性界定为马克思主义在意识形态领域中的指导地位。

（2）思想政治教育者的主导性。

郑永廷（2018）认为教育者影响受教育者的发展，"因而在思想政治教育活动中居于主导地位"[④]。石书臣（2005）认为现代思想政治教育者主导性体现为"双向互动的引导性""以人为本的促进性""德才兼备的示范性"；[⑤]杨建义（2010）从教育主体与客体之间的序差分析思想政治教育者存在主导性的原因；董杰（2010）认为教育者主导性

---

① 石书臣：《思想政治教育主导关系的转型与发展》，《学校党建与思想教育》2005年第1期，第18—20页。

② 郑永廷：《试论坚持思想政治教育学科建设的主导性与前沿性》，《教学与研究》2012年第2期，第31页。

③ 郭鹏飞、肖磊：《人民性与思想政治教育属性本质之关系辩证》，《学校党建与思想教育（高教版）》2015年第11期，第20页。

④ 郑永廷主编：《思想政治教育学原理》，北京：高等教育出版社2018年版，第13页。

⑤ 石书臣：《论现代思想政治教育者的主导性》，《探索》2005年第1期，第128—129页。

表现为意识形态性主导、教育地位主导、教育目标主导、教育内容主导，并提出在后现代主义思潮的视角下思想政治教育者主导性提升的路径主要是在教育中增强教育者的主导意识，构筑主导阵地，丰富主导方法。[1]佘双好（2018）从教育者和教育对象在教学过程中存在权变关系的角度论述思想政治教育者主导性的把握。

（3）思想政治教育主导性的转型。

石书臣（2007）认为网络环境给高校思想政治教育主导性带来严重冲击[2]；冯书生（2007）认为多元政治文化相互作用并存的局面对在一元政治文化背景下发展起来的传统思想政治教育提出了挑战，其中思想政治教育主导性的转换就是其中一个。陈殿林，吴晓侠（2009）从后喻时代的角度论述，在思想政治教育中，主导性的提升需要"角色定位""增进主文化亲和力""把握马克思主义整体性"。[3]李维昌，盛美真（2011）认为一元主导性的建设受利益多元化背景的影响，要在利益范畴多元化基础上"重新建构思想政治教育的一元主导性作为"[4]。

（4）思想政治教育主导性与多样性的关系。

对于这个问题，现有研究的观点是一致的，均认为思想政治教育主导性与多样性应该相统一，但是现实中却不同程度存在主导性与多样性二者相割裂的现象，邱国勇（2007）、江传月（2008）、李大平（2009）、宋翎（2010）等有专门的论述。

---

① 董杰：《论后现代主义教育思潮下思想政治教育者的主导性》，《探索》2010年第2期，第122—123页。

② 石书臣、唐海玲：《网络环境对高校思想政治教育主导性的影响及应对》，《贵州师范大学学报（社会科学版）》2007年第3期，第77页。

③ 陈殿林、吴晓侠：《后喻文化时代思想政治教育的主导性研究》，《前沿》2009年第10期，第140页。

④ 李维昌、盛美真：《论利益多元化背景下思想政治教育的主导性建设》，《求实》2011年第8期，第81页。

此外，关于思想政治教育主导性还有一些其他角度的研究：思想政治教育在大学生职业生涯规划中的主导性研究，如陈德明（2010）、张德华等（2013）；网络思想政治教育话语主导性研究，如李超民（2019）认为开展网络思想政治教育"就是要抢占网络空间意识形态教育的'制高点'，因而必须始终坚持网络思想政治教育话语主导性原则"①。

2. 社会主义意识形态主导性

（1）社会主义意识形态主导性的内涵和外延。

郑永廷（1999）分析了坚持社会主义意识形态主导地位的对策：坚持两个文明一起抓，坚持四项基本原则，坚持百花齐放、百家争鸣，并指出家庭、社区、全国各行业统一的思想政治教育活动及学校德育主渠道。②郑永廷（2009）也将坚持社会主义意识形态主导性作为处理宗教与社会主义意识形态关系的原则之一。③刘友女（2015）从结构的角度研究当代中国主导意识形态的建设，主张在深层结构创新上丰富主导意识形态结构、在表层结构运行上掌握马克思主义话语主导权、在总体结构运行上发挥马克思主义政党的主导权。④郑永廷、任志锋（2013）认为社会主义意识形态领导权和主导权是既有联系又有区别的两个概念范畴，社会主义意识形态领导权代表一种国家权力，而社会主义意识形态

---

① 李超民：《新时代提升网络思想政治教育话语权研究》，北京：人民出版社2019年版，第100页。

② 郑永廷、叶启绩、郭文亮等：《社会主义意识形态研究》，广州：中山大学出版社1999年版，第210—243页。

③ 郑永廷、江传月等：《宗教影响与社会主义意识形态主导研究》，广州：中山大学出版社2009年版，第129—135页。

④ 刘友女：《结构视域下中国主导意识形态研究》，上海：复旦大学出版社2015年版，第177—226页。

主导权是一种思想观念的控制力和影响力，具有教育引导性。[①]王福民
（2012）认为社会主义意识形态的主导性是由社会主义意识形态本身的
内在特质及坚持与巩固中国共产党执政地位等的内在要求所决定的，是
一种合规律性与合目的性的统一。[②]

（2）多元文化背景下社会主义意识形态主导性的坚持。

随着多元文化及价值观念的发展，社会主义意识形态如何坚持主
导性便成为理论研究及现实实践中的重要问题。如张艳新（2013）认
为在多元文化中"要坚持和巩固社会主义意识形态的主导性"[③]。贾英
健（2010）认为"多样化蕴含着社会主义意识形态主导性确立的理论和
逻辑前提"[④]。吴晓斐、王仕民（2017）认为多元文化思潮和媒体传播
的变革对社会主义意识形态主导权构成挑战，要通过对"普适价值"论
的批判，增强社会主义意识形态主导权。[⑤]

3. "新时代"与思想政治教育的相关研究

"新时代"是新时代中国特色社会主义思想的关键词，而思想政治
教育是中国共产党的优良传统和重要的生命线，新时代的环境变化对于
思想政治教育的发展也是至关重要的。因此学界对新时代的思想政治教
育纷纷开展研究，经过梳理，主要有以下内容：

---

① 郑永廷、任志锋：《社会主义意识形态领导权和主导权研究》，《教学与研究》
2013年第7期，第46—51页。

② 王福民：《论社会主义意识形态主导地位的存在论逻辑》，《学术研究》2012年
第5期，第51—54页。

③ 张艳新：《多元文化激荡对社会主义意识形态主导性的影响及对策》，《理论导
刊》2013年第12期，第73页。

④ 贾英健：《论社会主义意识形态的主导性》，《理论学刊》2010年第7期，第
66页。

⑤ 吴晓斐、王仕民：《多元时代如何增强主流意识形态主导权》，《人民论坛·学术
前沿》2017年第15期，第114页。

（1）新时代思想政治教育的定位与地位。

李辉（2018）认为新时代思想政治教育的定位面临着变化，表现为在世情、国情、党情方面极端重要的功能定位，用内容定位、机制定位以及评价标准定位。[①]邱仁富（2018）认为新时代思想政治教育的定位体现在思想政治教育的阐释力、描述力及实践互动力。[②]还有不少学者认为新时代思想政治教育地位得到了提升，必须研究思想政治教育内容的深化、领域的拓展、方法的创新。

（2）新时代思想政治教育面临的挑战。

李辉（2018）通过分析新时代的历史方位，认为新时代对思想政治教育提出了新的要求，具体表现为适应中国梦要求、理论创新要求及中国日益走近世界舞台中央的形势。[③]邱柏生（2019）指出新时代面临的挑战主要表现为"确立四个自信的基础与条件是什么""对技术作用的理解与关注""思想政治教育学科建设的新平台如何建构""教育立信的要素是什么"。[④]王朝庆、王刚（2018）则是从社会主要矛盾发生变化的背景来研究新时代思想政治教育面临的挑战。

（3）新时代思想政治教育主要矛盾的变化。

这一方面研究的主要切入点是新时代社会主要矛盾的变化引起思想政治教育矛盾的变化。

王学俭、顾超（2019）从教育目标、教育内容、教育方法、教育

---

① 李辉：《新时代与思想政治教育新定位》，《马克思主义理论学科研究》2018年第4期，第132—137页。

② 邱仁富：《论新时代思想政治教育的亲和力》，《河海大学学报（哲学社会科学版）》2018年第6期，第9页。

③ 李辉：《新时代与思想政治教育新定位》，《马克思主义理论学科研究》2018年第4期，第130—132页。

④ 邱柏生：《新时代高校思想政治教育学科建设面临的若干挑战》，《思想政治教育研究》2019年第1期，第53—55页。

环境及教育队伍分析了新时代思想政治教育矛盾的现实呈现，并从党的领导、立德树人、思想政治教育内容、方法、环境、评价等的推陈出新、队伍建设等方面提出新时代思想政治教育矛盾的化解。[①]孙梦婵（2019）认为新时代思想政治教育主要矛盾"转化为人们对满足多样性、多层次性的道德精神需求和思想政治教育对人的德性涵养效果不凸显之间的矛盾"[②]。

（4）新时代思想政治教育话语研究。

胡恒钊、王揽（2018）认为新时代在话语权、主体权威、话语控制力主导权以及影响力等方面面临困境。[③]贾钢涛、张鑫（2019）认为话语权属于意识形态的基本内容，随着新时代意识形态工作的加强，思想政治教育话语权建设要"理论原则与实践原则相统一，弘扬传统与开拓创新相结合，不忘本来与吸收外来相结合，党的领导与人民中心相结合"[④]。还有部分学者认为新时代引领思想政治教育话语体系的创新发展。除了上述主要的研究角度，还有学者根据新时代党和国家的相关文献，提出建立思想政治教育"三导向"育人模式，包括核心价值观教育，传统美德教育以及正确历史观教育。[⑤]

---

① 王学俭、顾超：《新时代思想政治教育矛盾的新特点与解决思路》，《思想理论教育》2019年第2期，第10—15页。

② 孙梦婵：《论新时代思想政治教育主要矛盾》，《思想政治教育研究》2019年第1期，第63页。

③ 胡恒钊、王揽：《新时代思想政治教育网络话语权的缺失与重塑》，《广西社会科学》2018年第2期，第207—210页。

④ 贾钢涛、张鑫：《新时代思想政治教育话语权建设探析》，《学校党建与思想教育》2019年第3期，第36—39页。

⑤ 陈光连、黄磊：《关于高校思想政治教育中"三导向"德育教学路径探析》，《思想政治教育研究》2013年第6期，第107—111页。

（二）国外研究现状

思想政治教育是中国共产党的"生命线"，是中国共产党的传统优势。即使国外没有"思想政治教育"这样的特指名词，但是国外的德育也是学校教育的重要组成部分，德育是一种有目的地向受教育者施加影响的活动，会根据一定的社会背景、政治性质、意识形态等需要开展德育活动，因此国外的德育和我国的思想政治教育一样具备意识形态性。通过梳理，国外相关的研究主要围绕以下两个方面：

第一，德育阶级性。德育的阶级性表现为德育思想作为统治阶级利益的表达，而西方德育思想的本质功能也是维护资产阶级的统治，是德育阶级性的充分体现。西方德育思想的起源要追溯至古希腊，柏拉图德育思想的阶级性体现得尤为明显。柏拉图主张培育具有绝对善的"哲学王"，由"哲学王"进行治国。文艺复兴时期的西方德育思想更是反映了资本主义生产关系的建立为资产阶级的统治提供了新思想，如马基雅弗利在道德与政治关系问题上，"突出强调政治的主导作用，以政治行为的功利来判断道德的价值……他提出了应以'国家的利益'为政治和道德的唯一行为准则"[①]。宗教改革时期的西方德育思想是西方近代德育思想建立的基础，反映资产阶级意识形态对封建社会意识形态的否定与批判，主要以马丁·路德、培根和夸美纽斯为代表。如马丁·路德提出"信仰德性论"，认为"信仰""德性"与"善功"三者是密不可分的，"表达了当时新生的社会阶层，即市民资产阶级的愿望和心声"[②]；培根德育思想的核心是"善德"，突出资产阶级时代贴近社会生活的务实化特点。随着资本主义制度在西方国家统治地位的建立，

---

① 于钦波、刘民：《外国德育思想史》，成都：四川教育出版社1999年版，第239页。

② 于钦波、刘民：《外国德育思想史》，成都：四川教育出版社1999年版，第272页。

西方德育思想也表现为批判封建思想、维护新兴资产阶级的统治，以洛克、卢梭等人为代表。如洛克指出"没有天赋的实践原则"[①]，对唯心天赋道德论进行批判，"揭示了资产阶级道德发展的物质基础，而且为后来资产阶级功利主义道德理论的发展奠定了基础"[②]。进入20世纪，资本主义的发展进入一个新的阶段，西方资产阶级的德育思想以杜威、加里宁等为代表宣传资产阶级的意识形态，缓和资本主义社会的发展矛盾。

第二，意识形态主导性。主要代表有：葛兰西文化领导权理论（主要代表作是《狱中札记》），他认为资产阶级在意识形态领域掌握领导权，对工人阶级进行资产阶级的意识形态灌输；资产阶级"通过在政治上争取'领导权'和反方向的斗争"[③]，通过主导意识形态而使工人阶级的反抗运动趋于缓和甚至走向失败。因此，他主张工人阶级要掌握文化领域领导权，最终取得实际的领导权。有学者指出葛兰西用文化领导权这一概念主要是"强调精神道德的领导及其意识形态斗争的重要性"[④]。阿尔都塞的"意识形态国家机器"理论（主要代表作是《意识形态与意识形态国家机器》），他认为意识形态国家机器与镇压型国家机器相区别，但可以渗透于个体的社会生活中，发挥主导性和主体性。意识形态"终结论"（代表作曼海姆《意识形态与乌托邦——知识社会学导论》、丹尼尔《意识形态的终结》、福山《历史的终结与最后的人》），比如曼海姆在谈到"乌托邦"时指出特定秩序的代表"力图控

---

① 张焕庭主编：《西方资产阶级教育论著选》，北京：人民教育出版社1979年版，第55页。

② 于钦波、刘民：《外国德育思想史》，成都：四川教育出版社1999年版，第424页。

③ ［意］安东尼奥·葛兰西著：《狱中札记》，曹雷雨、姜丽、张跣译，郑州：河南大学出版社2014年版，第382页。

④ 杨静云：《葛兰西文化领导权的实践策略及其当代启示》，《甘肃社会科学》2020年第2期，第230页。

制那些在现行秩序中不可能实现的、超越情境的思想和利益"①，从而使他们无法影响现状。这一论断强调资本主义意识形态对社会主义意识形态的统治和反对。亨廷顿的"冲突论"（代表作《文明的冲突与世界秩序的重建》）从文明冲突的角度为资产阶级意识形态作辩护。熊彼特的"趋同论"（代表作《资本主义、社会主义与民主》），主要的观点是社会主义最终与资本主义趋同，他认为"资本主义不能活下去"的，但根据他对社会主义的定义，资本主义是和平向社会主义过渡的，他认为要在资本主义体制内和平过渡到社会主义"不仅是可能的，而且是最明显可以期望的事情"②，但这并没有触动资本主义的经济基础，本质还是对资产阶级意识形态的维护。

以"ideological dominance"作为关键词进行检索，发现目前国外关于意识形态主导性的研究还围绕政党意识形态与新闻媒体关系③、社会主导取向与经济保护主义④、社会主导取向与性别主义的作用⑤、意识形态调整与党派变革的关系⑥、意识形态与政党制度变迁的关

---

① （德）卡尔·曼海姆著：《意识形态与乌托邦——知识社会学导论》，李步楼等译，北京：商务印书馆2017年版，第174页。

② ［美］约瑟夫·熊彼特著：《资本主义、社会主义与民主》，吴良健译，北京：商务印书馆2017年版，第339页。

③ Soek-Fang Sim. Obliterating The Political: One-party ideological dominance and the personalization of news in Singapore 211[J]. *Journalism Studies*. 2006（8）.

④ Jedinger A, Burger A M. The Ideological Foundations of Economic Protectionism: Authoritarianism, Social Dominance Orientation, and the Moderating Role of Political Involvement[J]. *Political Psychology*. 2019（4）.

⑤ Jesús M. Canto; Macarena Vallejo-Martín; Fabiola Perles; Jesús San Martín. The Influence of Ideological Variables in the Denial of Violence Against Women: The Role of Sexism and Social Dominance Orientation in the Spanish Context[J]. *International Journal of Environmental Research and Public Health*. 2020（7）.

⑥ Knuckey J. Ideological Realignment and Partisan Change in the American South, 1972 - 1996[J]. *Politics and Policy*. 2010（2）.

系①等角度进行展开，这些角度都论证了意识形态性的重要影响。

（三）研究述评

目前国内外对于思想政治教育主导性相关研究内容涉猎广泛、视野开阔、方法多样，学术自主性鲜明，颇具理论建树，为本研究提供有益的思路，如国内关于思想政治教育主导性内涵的研究为本研究界定思想政治教育主导性内涵奠定了理论基础，国内外关于意识形态主导性的研究及国外德育阶级性的研究为本研究论证思想政治教育主导性的本质提供了理论支撑，国内关于新时代思想政治教育的研究有助于本研究正确分析中国特色社会主义进入新时代思想政治教育的发展特点，进而清晰定位新时代思想政治教育主导性。但以往的研究成果还有以下几个方面可以进行深入探讨：

第一，思想政治教育主导性是什么？如何从本体论、认识论的角度界定思想政治教育主导性？主导性与主体性、阶级性等相关概念在思想政治教育中呈现出何种逻辑关系？目前现有的研究对以上问题的探讨还不够深入，值得在理论上对相关概念进行系统梳理和比较。

第二，思想政治教育为什么具有主导性？主导性在思想政治教育活动中是一种鲜明的性质，会根据党和国家的需要不断进行调整变化。思想政治教育主导性也是学科中的一个理论问题，因此有必要从理论的角度进行梳理，目前现有的相关理论研究还可以进一步进行系统整理。

第三，进入新时代对党和国家来说是重要时间段的开启，思想政治教育主导性在这一历史方位中呈现何种形态？与新时代之前的主导性有什么区别？以"新时代思想政治教育主导性"作为检索词在知网进行检

————————

① John Hulsey; Soeren Keil. Ideology and Party System Change in Consociational Systems: The Case of Non-Nationalist Parties in Bosnia and Herzegovina[J]. *Nationalism and Ethnic Politic*. 2019（10）.

索，目前所涉研究比较少，这为本研究的开展提供研究空间。

第四，新时代思想政治教育为何具有主导性以及为何需要主导性，这是关于主导性价值追问的问题。通过系统梳理发现，以新时代治国理政理论为逻辑视角及新时代中国特色社会主义发展的时代背景作为研究视角的研究相对较少，因此有必要从新时代党中央治国理政的理论体系和实践发展分析新时代思想政治教育主导性的价值。

第五，新时代思想政治教育主导性在发展中面临什么样的发展机遇？是否面临挑战？未来如何更好地强化突显？这些问题既是对当下主导性面临现状的回应也是对未来主导性发展的展望。但目前已有的相关研究对这方面的探讨相对较少，本研究试图以思想政治教育主导性概念为基础，结合新时代治国理政理论体系以及新时代中国特色社会主义的实践发展对主导性在新时代的双重境遇和强化方式进行探讨研究。

综上，已有的研究为本研究的开展提供了有益的思路启示，尚待进一步深化的内容成为本研究的空间和价值所在。

三、研究思路与方法

（一）研究思路

围绕研究核心，本研究遵循"理论分析—本体考察—价值探讨—现实审视—发展考量"的逻辑思路开展研究：

"理论分析"重点论述思想政治教育主导性是什么以及为什么具有主导。首先，以哲学角度分析"主导性"是什么作为切入点，梳理相关概念逻辑关系解决"思想政治教育主导性是什么"的问题，指出在我国思想政治教育主导性是教育者发挥主动主导作用尊重教育对象主体性，突出社会主义意识形态性，在多元价值取向中坚持一元导向性。其次，从马克思主义和中国共产党与论题相关的理论角度阐述思想政治教育为什么具有主导性。

"本体考察"重点阐述新时代思想政治教育主导性的本质表征。新时代思想政治教育主导性以十八大以前党的思想政治教育主导性为基础，在新时代表现出主导性与主体性实然统一、党性与人民性的实践统一以及统一性与多样性的动态统一的本质属性，这三个本质属性也贯穿于主导主体、目标、方向、内容以及方式上；在新时代，主导性也彰显了鲜明的时代特色：党的领导核心不断增强、以人民为中心的取向日益突出、主流意识形态导向更加鲜明以及中国梦目标指向清晰突显。

"价值探讨"重点论证新时代思想政治教育主导性的理论与实践价值。以新时代党中央治国理政思想和实践为脉络，探讨新时代思想政治教育主导性的理论价值和实践价值。一方面，党中央在新时代围绕治国理政提出系列新思想新理念，这一系列思想论述是新时代开展思想政治教育的重要理论遵循，主导性的理论价值也蕴含于政党建设、意识形态工作及促进国家治理现代化的理论逻辑中；另一方面，面对时代课题的变化，治国理政实践也对思想政治教育主导性提出相应的任务和要求，思想政治教育主导性从主导主体作用发挥、意识形态本质凸显及一元主导三个维度彰显其时代价值。

"现实审视"重点阐明新时代思想政治教育主导性的双重境遇以及新时代思想政治教育的评价反馈。新时代党中央对思想政治工作的高度重视为主导性的发展创造了良好机遇，主导性也得到不断强化；同时，新时代所带来的全媒体场域、历史方位转变及社会现代化发展的特点也给主导性带来挑战。而新时代思想政治教育主导性评价反馈围绕新时代思想政治教育需求的变化探讨新时代思想政治教育主导性的评价标准，解决思想政治教育主导性成效如何评的问题，是新时代思想政治教育如何实现主导性的实践构成，为新时代思想政治教育主导性的发展调整提供了重要的参考。

　　"发展考量"重点研究新时代思想政治教育主导性如何强化发展。基于思想政治教育主导性在新时代遭遇的双重境遇及主导性内涵的三重维度，要从党中央在新时代治国理政思想和实践中探寻继续强化思想政治教育主导性的方式：通过教育者的专业自觉、情感自觉和角色自觉重构教育者权威，消解全媒体时代对教育者主导地位的冲击，通过坚持党的领导融合多元治理主体、丰富意识形态体系建构、形成意识形态多维传播等方式创新意识形态治理回应历史方位转变，通过扣准人民主体诉求对接、推进社会主义核心价值观认同、遵循"内容为王"培育规律等方式强化社会主义核心价值观主导以回应现代化发展挑战。

（二）研究方法

　　第一，文献研究法。通过查找大量有关思想政治教育主导性的文献资料，了解当前的研究情况，界定主导性在思想政治教育中的内涵表现，研究新时代思想政治教育主导性的时代发展。

　　第二，规范分析法。基于对文献资料的可视化分析，提取整理相关文献内容中关于思想政治教育主导性特点及面临的发展挑战等内容信息，以进一步搭建新时代思想政治教育主导性特点及强化发展的理论分析框架。

第二章

思想政治教育主导性相关概念概述

主导是一个合成词。从主客体相互作用的关系讲，主导性是主客体关系中的能动性，在教育价值关系中表现为教育者的实施主导性与教育对象的接受主导性；从矛盾及系统论的视角看，主导性是系统结构中的决定性；从主导性与多样性的关系上讲，主导性是多样性结构中的统领性。

思想政治教育作为一项有目的、有计划、有组织的育人实践活动，涵盖了实施主体与接受主体之间的关系问题、统治阶级的意识形态决定问题以及在活动过程中成员思想多样性的统筹问题。因此，思想政治教育主导性指教育者发挥主动主导作用、尊重教育对象主体性，突出社会主义意识形态性并在多元价值取向中坚持一元导向性。

第一节　主导性的概念

　　主导是一个合成词，在《新编现代汉语词典》中，"主"有9层意思，"与'客'相对，与'奴'相对，所有者、国君、最主要的部分、负主要责任、从自身出发、主张"①。因此，"主"表示在一个系统中处于起决定作用的地位，同时"主"在认识论中体现的是主观能动性。"导"有三层意思，"引导、教诲、传导"②，是一个方向性的表示。在《新编现代汉语词典》中"主导"有两层意思，"居主要地位并引导事物向一定方向发展；主要作用"③。郑永廷（2000）认为"主导"分为"主"和"导"，"主，是事物的主要矛盾或矛盾与主要方面。导，是指疏通引导……"④，主导即主要方向与重点。任志锋（2015）通过考察"主""导"的词源，认为"主导"包含"位置性含义、功能性含义、规范性含义"⑤三层意思。单字"性"在《新编现代汉语词典》

---

　　①　罗琦、周丽萍主编：《新编现代汉语词典》，长春：吉林大学出版社2003年版，第1525页。

　　②　罗琦、周丽萍主编：《新编现代汉语词典》，长春：吉林大学出版社2003年版，第226页。

　　③　罗琦、周丽萍主编：《新编现代汉语词典》，长春：吉林大学出版社2003年版，第1526页。

　　④　郑永廷：《现代思想道德教育理论与方法》，广州：广东高等教育出版社2000年版，第110页。

　　⑤　任志锋：《当代中国社会主义意识形态主导性研究》，北京：中国书籍出版社2015年版，第51页。

中有5种含义，将"主导"与"性"相搭配，则要取"性"字中的第二种解释："性质，人或事物的本身所具有的性能。"①石书臣（2011）对主导性进行了系统的考察，认为主导性包含本质主导性和功能主导性。②也有学者认为主导性是一种权力力量，"指'领导力、控制力'或'领导权、控制权'"③的涵义。因此，根据现有的分析，本文认为"主导性"的概念应该包括三个方面：从主客体相互作用的关系讲，主导性是主客体关系中的能动性；从矛盾及系统论的视角看，主导性是系统结构中的决定性；从主导性与多样性的关系上讲，主导性是多样性结构中的统领性。具体内容如下：

一、主导性是主客体关系中的能动性

主体和客体之间是一种辩证统一的关系，主体能动性的发挥要受客体客观条件及属性、客观规律的制约；主体发挥主观能动性要把握客观规律，结合主体的发展需求，对客体进行改造，使客体发生变化。从主客体关系的角度看，主导性体现的是主体的能动性。主体是活动的发动者、承担者、组织者和实施者，具有主体能动性。"主体的主导性，是指主体在思想政治教育中始终起主导和支配作用"④。因此，从认识关系和实践关系中理解主导性，主导性则是活动过程中主体的能动性，与客体的受动性相对；而如果从教育价值关系理解主导性，则主导性是实

---

① 罗琦、周丽萍主编：《新编现代汉语词典》，长春：吉林大学出版社2003年版，第1300页。

② 石书臣：《主导论：多元文化背景下的高校德育主导性研究》，北京：人民出版社2011年版，第5页。

③ 余玉花：《论社会主义核心价值体系的主导性》，《思想理论教育》2008年第1期，第26页。

④ 教育部思想政治工作司编：《思想政治教育原理与方法》，北京：高等教育出版社2010年版，第82页。

践主体的能动性，与教育对象的受动性相对。

在马克思之前的哲学家，对主体能动性的理解存在两个极端。唯心主义片面地夸大意识能动性的作用，旧唯物主义则是没有重视人的主观能动性，而马克思通过批判唯心主义和旧唯物主义论述主体能动性。按照马克思的论述，主体能动性应该包括主体在认识上的能动性和实践上的能动性。杨正江（1992）认为主体应该是认识主体、实践主体和历史主体，因此他主张主体能动性是"主体意识能动性、物质能动性、技术结合能动性、社会结合能动性的辩证统一"[①]。其中意识能动性等同于主体的主观能动性，主体能动性包含主观能动性；实际上杨正江把主体的实践能动性划分为技术结合能动性和社会结合能动性，并且他从历史观范畴的角度，在生产实践基础上，将主体在生产力和生产关系上的能动性分别理解为主体的技术结合能动性和主体的社会结合能动性。因此综合上述分析，对主体能动性的理解可以用下图来表示（见图1）：

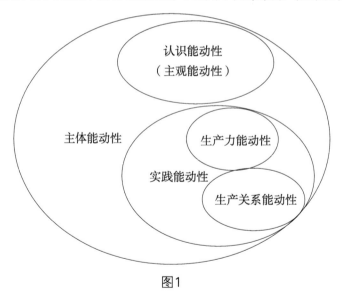

图1

———————

① 杨正江：《也谈主体能动性的构成——与罗宁生同志商榷》，《求索》1992年第1期，第60页。

　　主体能动性是主体的本质特征，是理解主客体之间关系的关键。因此厘清了什么是主体能动性，才能从主动与受动的关系去界定主导性。根据马克思的观点，主体能动性包含认识能动性和实践能动性，认识能动性也称为主观能动性、思维能动性，而实践能动性则集中体现为主体按照客观规律对客体的能动地改造。所以，从主客体关系层面界定的主导性首先表现为主体的主动性，即主观能动性，也就是说在主客体之间的关系上，主体在活动过程中是起主动作用的，主动制定活动的目标、方案、评价标准等，主动引导活动的发展，而不是被动参与活动。此处，主导性可以理解为自觉能动性。其次，主导性表现为主体的支配性。在具体的实践活动中，主导性表现为主体对实践活动过程的支配和控制、对所处环境的改造以及客体对主体的依赖和顺从。主客体关系层面理解的主导性是主体根据自身的需要改造环境及客体，使客体主体化。再次，主导性表现为主体的创造性。创造性表现出主体的创新和探索，从主客体关系层面来理解，创造性是主导性最高层次的体现，主体根据自身需求，在遵循事物发展客观规律的情况下进行大胆创新和探索，对周围环境及客体进行改造，推陈出新。这既体现主体在实践过程中的主观能动性，又体现主体在活动过程中的支配性。综上，主导性是主客体关系中的能动性，即主体的主动性、支配性和创造性；而在教育价值关系中，主导性是实施主体的能动性，即教育者作为教育实践的实施主体主动将一定的思想观念传播给价值主体即教育对象所彰显的主动主导特性。

二、主导性是系统结构中的决定性

　　从唯物辩证法的角度看，一切事物本身就是矛盾的集合体。"其中各因素、各层次、各阶段的结构和功能、地位和作用，并不是绝对平衡的，而有主次、轻重、缓急之分"①，毛泽东在《矛盾论》中也指出"世界上没有绝对地平衡发展的东西，我们必须反对平衡论"②。因此，从系统论和唯物辩证法的角度界定主导性，主导性是系统结构中的决定性，是决定事物发展的主要矛盾的特质，是决定事物性质的矛盾主要方面的特性。

从矛盾的观点界定主导性，首先，必须明确主导性的存在是一种必然。

主导性是系统结构中的决定性，这种决定性的存在是一种必然的现象。因为在一个系统中，各要素之间必然存在数量上、力量上、功能上、结构上的差别，而这种差别最直接的结果就是某一元素或某些元素占优势地位，起决定作用。毛泽东认为事物发展的不平衡是必然存在的。他认为矛盾的两个方面不管是主要矛盾还是次要矛盾都是不能被平均看待的。"无论什么矛盾，矛盾的诸方面，其发展是不平衡的"③。因此，在不平衡作为系统内部元素基本形态的基础上，必然要有处于领导地位、起支配作用的元素，主导性的存在也就成为必然。

其次，主导性是决定事物发展的主要矛盾所突显的特质。

毛泽东在《矛盾论》中通过论述矛盾特殊性问题对主要矛盾和矛盾主要方面进行区分。他认为在事物的发展过程中，必然存在一种主要矛盾，而且"由于它的存在和发展规定或影响着其他矛盾的存在和发展"④。因此，从矛盾视角界定的主导性集中表现为领导性，这种领导性的核心要义在于对事物发展起决定作用，并且规定和影响系统中其他元素的发展方向。关于"主导"一词的运用，在毛泽东的著作和讲话中

---

① 余长根：《管理的灵魂》，上海：复旦大学出版社1993年版，第271页。
② 《毛泽东选集》（第1卷），北京：人民出版社1991年版，第326页。
③ 《毛泽东选集》（第1卷），北京：人民出版社1991年版，第322页。
④ 《毛泽东选集》（第1卷），北京：人民出版社1991年版，第320页。

均可发现相关的论述。如在探索社会主义建设道路的过程中，毛泽东曾提出"以农业为基础、以工业为主导"的方针。其中，工业作为主导，就是当时工业化作为发展的首要任务，并且体现出工业决定当时整个国家经济的发展方向，决定着作为基础的农业的发展速度和发展规模。又如"在优先发展重工业的条件下，实行几个同时并举；每一个并举中间，又有主导的方面"①，"主导的方面"就是在并举的元素中决定事物发展方向的方面。"主导性"是事物关系范畴的体现，关系范畴有两种，分别是纵向关系（时间关系）和横向关系（空间关系），其中"主导性"表现的是事物之间的横向关系，因此"主导性"是规定事物发展方向的特性。

再次，主导性是决定事物性质的矛盾主要方面所突显的重要特性。毛泽东在《矛盾论》中阐述了矛盾主要方面的原理："其主要的方面，即所谓矛盾起主导作用的方面"②。毛泽东在这段论述中用了"主导作用""支配地位"来说明矛盾主要方面的特性，因此，主导性是指能够决定事物性质的特性。

矛盾主要方面处于支配地位，这也是由于矛盾各方面之间的发展处于不平衡的状态，矛盾主要方面就是在力量发展上占据优势地位的方面。毛泽东在《矛盾论》中指出事物内部存在着新旧的矛盾，并且这些矛盾之间处于一种对立统一的关系，彼此之间可以发生转化。经过斗争后，当新的方面发展壮大取代旧的方面，事物的性质就发生了变化。毛泽东以此来论证事物的性质由矛盾主要方面决定。因此，矛盾主要方面的特性就是对事物性质、本质的决定和引导，而主导性就是这一特性的突显。

---

① 《毛泽东文集》（第8卷），北京：人民出版社1999年版，第124页。
② 《毛泽东选集》（第1卷），北京：人民出版社1991年版，第322页。

石书臣（2004）是学界中较早对"主导性"一词给出系统定义的，他认为主导性是事物本质主导性与功能主导性的统一。本质主导性即"指事物保持其引导的主要方向、方面和重点的特性"[1]；而功能主导性是"是指事物具有主要的和引导的作用的特性"[2]。实际上，如果从矛盾的观点进行分析，那么他的这一界定就是从矛盾和系统论的角度界定主导性的，其中，从事物本身界定的本质主导性则是矛盾主要方面决定事物本质的特性，而从事物与作用对象角度界定的功能主导性则是主要矛盾决定事物发展方向的特性。

三、主导性是多样性结构中的统领性

主导性和多样性的辩证统一是哲学上的一对关系范畴。相对于多样性而言，主导性处于统领地位，而多样性则是对主导性发展的丰富和补充。主导性与多样性之间存在着相互联系相互制约的密切关系。事物多样性的存在使主导性的存在成为必然和必要，因为多样性的发展如果缺乏主导性的统领，事物的发展就会失去方向和秩序。而主导性如果失去多样性作为基础的补充，事物的发展也会失去源头和活力。因此，如果从事物发展中主导性与多样性的辩证统一关系来界定主导性，则主导性是多样性结构中的统领性，决定事物的发展方向。

"坚持主导性与多样性辩证统一的思维方法，主要体现在马克思主义关于世界统一性与多样性、理论与实践的辩证统一关系的原理之中"[3]。从本体论的角度看，主导性和多样性的关系是"一"和"多"

---

① 石书臣：《现代思想政治教育主导性》，上海：学林出版社2004年版，第13页。

② 石书臣：《现代思想政治教育主导性》，上海：学林出版社2004年版，第13页。

③ 石书臣：《主导性与多样性的辩证统一——中国特色社会主义理论体系的方法论思考》，《江西社会科学》2008年第3期，第176页。

的关系，其中主导性是物质统一体。辩证唯物主义认为世界是物质的，"世界的真正的统一性在于它的物质性"①，而物质的表现形式是多样化的。多样性是事物变化发展过程中矛盾的表现，是系统中各要素呈现出来的不同性质，体现事物多种多样的形态，凸显事物相互之间是有区别的。在同一个事物发展系统中，要素的多样性体现的是要素之间的差别，而在一个发展系统中，相互之间存在差别的要素也具备推动事物发展的根本力量，这种根本力量是在承认要素之间多样性的基础上归纳出来的具有指引方向的发展力量，这种归纳的过程是"求同存异"的过程，"求同"并不是多样性趋于一致，而是多样性中统领性的凸现，即主导性在事物发展方向上统领性的体现。从认识论的角度看，"通过实践而发现真理，又通过实践而证实真理和发展真理"②，从实践中总结发展得到的理论就具有方向指引的意义，指引着纷繁复杂具备多样性的实践。从这一角度看，主导性是从多样性实践中发展得到的具有统领事物发展方向的实践规范。因此，不管是从本体论的角度还是从认识论的角度看，主导性的定义离不开多样性，主导性并不是单一性，而是事物多样性发展中起着统领事物发展方向的性质，这一性质以多样性为基础。

---

① 《马克思恩格斯选集》（第3卷），北京：人民出版社2012年版，第419页。

② 《毛泽东选集》（第1卷），北京：人民出版社1991年版，第296页。

第二节　思想政治教育主导性的概念

概念界定是理论研究的前提，研究思想政治教育主导性是什么，必须以主导性内涵为基础，辨析思想政治教育主导性相关概念的关系。

一、思想政治教育主导性的含义

从时间的跨度看，任何时代都有思想政治教育的存在，从空间的范围看，无论何种社会性质的国家都离不开思想政治教育。一定阶级用思想政治观点影响另一个阶级，从而"形成符合一定社会、一定阶级所需要的思想品德"[①]，这是思想政治教育活动开展的目的。按照上文的定义，主导性指主体的能动性、系统中的决定性以及多样性中的统领性。而思想政治教育作为一项有目的、有计划、有组织的育人实践活动，其活动过程就涵盖了实施主体与接受主体之间的关系问题、统治阶级的意识形态决定问题以及在活动过程中成员思想多样性的统筹问题，也就是说主导性贯穿于思想政治教育活动中。主导性是思想政治教育学科发展过程中必须首先明确的问题。石书臣（2004）将主导性作为思想政治教育的特性进行研究，认为"主导性就是思想政治教育坚持引导、选择的主要方向、方面和重点"[②]并会影响个体的发展；也有学者将思想政治

[①]　陈万柏、张耀灿：《思想政治教育学原理》（第二版），北京：高等教育出版社2007年版，第4页。

[②]　石书臣：《现代思想政治教育主导性》，上海：学林出版社2004年版，第16页。

教育主导性作为思想政治教育过程中必须遵循的原则进行研究，如骆郁廷（2010）认为"主导原则是指在思想政治教育中运用占主导地位的意识形态"①；也有学者认为在思想政治教育过程中坚持主导性与多样性相统一的原则，"即坚持主导思想的一元性，促进社会与人的多样化发展"②"主导性是指思想政治教育的内容在主导方向上的原则性"③等；沈壮海（2016）认为教育者具备主导性，主张思想政治教育者占有主导性地位，表现为"组织功能、教育功能、调控功能"④。

现有研究均为思想政治教育主导性问题的进一步研究提供基础，主导性是思想政治教育的固有属性，主导性成效的发挥是思想政治教育过程中多种要素相互作用的结果，需要发挥教育者的主动主导作用，突出教育内容的主导性，还需要处理好一元对多元的主导关系，并最终得到教育对象的认可，激发教育对象的接受主导性。有学者认为"只有教育对象的接受主导性与教育者的施教主导性相契合，才能真正实现思想政治教育的主导性"⑤。因此，结合现有的研究基础及对主导性概念的考察分析可知，思想政治教育主导性是教育者发挥主动主导作用激发教育对象的主体性，突出社会主义意识形态性，在多元价值取向中坚持一元主导性。它的内涵应包括以下内容：

第一，从教育价值关系看，在思想政治教育活动中，主导性是教育

① 教育部思想政治工作司编：《思想政治教育原理与方法》，北京：高等教育出版社2010年版，第149页。

② 李大平：《论思想政治教育的四个原则》，《湖北社会科学》2009年第9期，第191页。

③ 张仲仁：《四大转化：新时期我国思想政治教育的新特点》，《华南师范大学学报（社会科学版）》2002年第6期，第143页。

④ 沈壮海：《思想政治教育有效性研究》，武汉：武汉大学出版社2016年版，第62页。

⑤ 石书臣：《现代思想政治教育主导性研究》，上海：学林出版社2004年版，第265页。

价值关系中实践主体能动性的体现，即教育者发挥主动主导作用尊重教育对象的主体性。

思想政治教育是一项改造人的思想和行为的活动，是一种对象性的活动，因此涉及主体能动性的问题。但是学界关于思想政治教育主体的界定一直存在争议。有传统的"单主体说"（单一地认为思想政治教育者是主体或思想政治教育对象是主体）、"双主体说"（认为在思想政治教育过程中教育者与教育对象互为主体；在施教过程中，教育者是主体；在受教过程中，教育对象是主体）、"相对主体说"（或称"主体间性说"，主张在思想政治教育活动中，教育者和教育对象作为活生生的人，都是主体，并且他们之间的关系是平等的，但是他们在教育活动中要互为对方的主体则是有一定的界限，是相对而言的）、"无主体说"（认为在思想政治教育活动中，并没有特定的主体，在这一教育活动中的任何要素，除了教育者和教育对象外，思想政治教育的介体、环体均有可能成为主体）。这些争议的存在说明主体性在思想政治教育过程中的存在，而这恰恰是主导性的能动性体现。

一方面，思想政治教育主导性要凸显决定引导功能，必然离不开思想政治教育者作为实践主体的主动主导。"主体""主体性"是哲学概念，《西方哲学词典》对主体的解释是："（1）与对象相对而言，指认识和实践活动的实行者，可以是个人或社会集团。（2）与属性相对而言，指属性、状态和作用的基体。"[1]《新编现代汉语词典》中对主体的解释也是两层意思："（1）事物的主要部分。（2）与'客体'相对，指对客观世界有认识和实践能力的人。"[2]从哲学视角定义"主

---

① 谭鑫田、龚兴、李武林主编：《西方哲学词典》，济南：山东人民出版社1992年版，第612页。

② 罗琦、周丽萍主编：《新编现代汉语词典》，长春：吉林大学出版社2003年版，第1526页。

体"，更多的是指第二层含义。马克思和恩格斯在批判唯心主义和旧唯物主义的基础上指出人的本质是一切社会关系的总和，并以人的本质作为研究对象，以现实的个人作为出发点进行研究。马克思主义经典作家认为人具有主观能动性，这种能动性不仅在于认识世界，更重要的是改造世界。世界的主体是人类，"主体性是人之为人的本质属性"[①]。主体性是主体的本质属性。马克思虽然作出"主体是人"的论断，但是马克思所理解的主体并不仅只是"人"这一肉体的存在，更是指人作为社会历史实践中的活生生的人。因此主体性也是对象性活动中主体所体现的特性。《美学大辞典》对"主体性"的解释是："即一种主体形式上的自由自在性。"[②]而在马克思主义经典作家看来，主体性表现为对象性活动中的自主性、创造性、能动性；有学者认为"主体具有统一的二维结构：目的与实践能力。因此，主体性便是主体的二维结构在实践中的具体体现，主要包括两个维度：目的合理性与能动性"[③]；也有学者认为从总体上考察，马克思的主体性范畴除了自主性、创造性、能动性之外还表现为"为我的关系特征""对象化活动"特征。[④]在思想政治教育活动中存在教育价值关系，教育者是实践主体，教育对象是接受主体也是价值主体，教育者在"传道授业解惑"中的主动主导作用是思想政治教育主导性的构成之一。

另一方面，在思想政治教育中，主导性功能的实现还必须发挥教育对象的主体性。主体性是思想政治教育中主体的本质特征，骆郁廷把主体性概括为教育主体的"主动性、主导性、创造性、超越性等属性，即

① 李合亮：《解析与建构：当代中国思想政治教育的哲学反思》，北京：人民出版社2010年版，第48页。

② 朱立元：《美学大辞典（修订本）》，上海：上海辞书出版社2014年版，第406页。

③ 杨庆勇：《广告创作价值论》，武汉：武汉大学出版社2013年版，第204页。

④ 丰子义：《走向现实的社会历史哲学——马克思社会历史理论的当代价值》，武汉：武汉大学出版社2010年版，第116页。

主体能动性"①。根据主体的界定，思想政治教育者和教育对象均可成为主体。在教育价值关系中，思想政治教育者向教育对象传播一定的思想观念、政治观点和价值规范，当这一系列内容满足教育对象的需求，被教育对象所接受时，教育者作为教育价值关系中的实施主体就发挥了主动主导作用，因此，主导性的实现在思想政治教育活动中是教育者与教育对象之间的闭环呈现。

综上，思想政治教育者的主动主导性和教育对象主体性就是思想政治教育主导性的重要体现，思想政治教育任务的完成离不开教育者主动主导作用和教育对象主体性确认的发挥。如果教育者主动主导作用无法发挥，则思想政治教育也无法凸显"坚持引导、选择的主要方面和重点的特性"②，同理，教育对象的主体性如果不得到确认，主导的功能也无法发挥。这里的思想政治教育者不是狭义意义上的教师，而是广义意义上的能够代表共产党进行社会主义意识形态宣传教育的组织者、实施者和发动者。这种主导性首先表现为教育者"为我"的关系特征，这里的"我"泛指共产党，体现教育者在这过程中对教育对象价值取向的主动引导。思想政治教育具有知识功能，但更为重要的是价值功能，必须是教育者在思想政治教育活动中能够主动建构教育者与教育对象的关系，主动根据执政党的需求进行思想政治教育活动的过程设计，才能实现思想政治教育的主导性。其次，主动主导是教育者鲜明的角色意识。思想政治教育者的角色意识是指思想政治教育者必须对自己角色的职责有清晰的定义。处在思想政治教育者位置的主体能够意识到自己所肩负的思想政治教育责任，做好教育引导的工作，"即具有思想政治教育意识或思想政治教育自觉，真正具有思想政治教育自觉立场和自主能

---

① 教育部思想政治工作司编：《思想政治教育原理与方法》，北京：高等教育出版社2010年版，第81页。

② 石书臣：《现代思想政治教育主导性》，上海：学林出版社2004年版，第15页。

力"①。再次，主动主导是教育者"主动为之"的实践能力。思想政治教育主导性对于教育者而言在具备了主动"为我"的主动性和清晰的角色意识后，就必须是具有能够付诸实践的专业能力，实际承担思想政治教育价值引导的实践工作并充分尊重教育对象的主体性，激发教育对象的接受主导性。

第二，从主导性本质看，思想政治教育意识形态性也是主导性的重要凸显。

事物发展的不平衡性是必然现象，必然有某一元素在事物发展过程中处于引导的地位，主导性的存在也就成为一种必然。同样的，在思想政治教育活动过程中，各个元素之间也存在对立统一关系，存在着多种形式的矛盾，这些矛盾的存在说明思想政治教育过程中也必然有一个或一种元素处于引导的地位，思想政治教育主导性也就成为必然。根据石书臣（2004）的观点，思想政治教育主导性的本质"就是要坚持一定的意识形态方向和社会主导价值取向"②。主导性是事物发展过程系统结构中的决定性，决定事物的性质。从本质层面分析，主导性是思想政治教育活动中的决定性，是一种重要的特性。统治阶级意识形态必然成为思想政治教育活动中的主导思想，所以在教育过程中坚持意识形态性必然也是思想政治教育主导性的重要凸显和表现。

对于中国共产党而言，社会主义意识形态是思想政治教育主导性实现过程中的主导思想。马克思关于意识形态曾经有这样的论述，"统治阶级的思想在每一时代都是占统治地位的思想"③，中国共产党的理论路线方针政策以及制度体系、思想理论是重要的主导内容。而思想政治教育主导性就是要引导社会公众以社会主义意识形态为主导，认同中国

---

① 孙其昂：《思想政治教育学前沿研究》，北京：人民出版社2013年版，第159页。
② 石书臣：《现代思想政治教育主导性》，上海：学林出版社2004年版，第16页。
③ 《马克思恩格斯选集》（第1卷），北京：人民出版社2012年版，第178页。

共产党领导人民建立的中国特色社会主义制度。正如郑永廷（2013）所指出来的"我国的思想政治教育是发挥社会主义意识形态作用的重要方式"①。思想政治教育要坚持社会主义意识形态的主导。

事物的基本矛盾决定事物的根本性质，思想政治教育主导性是贯穿思想政治教育活动的本质属性，也是思想政治教育活动中基本矛盾所体现的性质特点。孙其昂（2013）认为"思想政治教育基本矛盾体现为政治性"②，从这一分析层面上讲，政治性可以理解为意识形态性。思想政治教育过程中存在多种矛盾，有社会环境与教育要求的矛盾、社会要求与教育者思想素质的矛盾、教育者与教育对象的矛盾和教育要求与受教育者的矛盾，这些矛盾的产生是由于思想政治教育过程中各要素相互联系相互作用而形成的，处理好这些矛盾之间对立统一关系直接关系到思想政治教育主要任务的实现。骆郁廷（2010）等认为教育者与教育对象之间的思想道德素质的差异是思想政治教育中的基本矛盾，③而张耀灿、陈万柏（2001）等则认为是"教育者所掌握的一定社会的思想品德要求与受教育者的思想品德水平之间的矛盾"④。无论是以上的哪一种界定，都表明教育者与教育对象之间的矛盾为思想政治教育活动中的基本矛盾。因此，从本质决定性的角度分析，思想政治教育主导性可以理解为教育者与教育对象之间矛盾所表现出来的特质。这种特质最集中体现为这一基本矛盾决定了思想政治教育的目的和任务。正是因为教育对象的思想和行为与国家和社会发展需求赋予教育者的思想道德素质要求

---

① 郑永廷：《思想政治教育学科的特点、规范与建设任务》，《思想理论教育》2013年第7期，第6页。

② 孙其昂：《思想政治教育学前沿研究》，北京：人民出版社2013年版，第190页。

③ 教育部思想政治工作司编：《思想政治教育原理与方法》，北京：高等教育出版社2010年版，第116页。

④ 张耀灿、陈万柏：《思想政治教育学原理》，北京：高等教育出版社2001年版，第94页。

之间存在差距，思想政治教育活动才有了明确的目的和任务——使教育对象形成国家和社会发展所需要的思想，并体现在具体行动中，使教育对象的思想和行为烙上国家和社会发展鲜明的要求，这就是思想政治教育意识形态性的鲜明体现。所以意识形态性也是思想政治教育主导性的本质，这一本质指出主导性在思想政治教育中必然要主导的内容。

第三，从主导性与多样性的辩证关系看，主导性是思想政治教育活动中一元导向对多元取向的统领性。

正如上文所提到的，主导性和多样性的辩证统一是哲学上的一对关系范畴。社会主义经济制度的发展和变化使市场利益主体及结构趋于多元，利益追求目标和利益立场多样化，价值取向也趋向多元化；全球化的发展，使各个国家和民族交往过程中也呈现出了文明的多样性，不同文明的交融进一步促使多元价值观念的产生；时代的变迁，个体主体意识的凸显，"现代社会使人人都想成为自己的主人，都有可能成为自己的权威"①，个体自主选择性增强，自主选择价值观念的权利增加，因此整个社会也就形成了多元价值取向。意识形态性是思想政治教育鲜明的本质体现。共产党开展教育的目的是要使社会民众形成与共产党所倡导的社会主义意识形态相一致的思想和行为，在价值取向趋于多元化的背景下，思想政治教育主导性就体现为价值导向的一元性，是价值取向多元性中的统领性。

"导向"是规范、引导的意思，价值导向是指国家或社会规范引导社会成员的价值取向，使他们的思想和行为符合国家和社会的需要；"取向"有选择的含义，价值取向是个体根据自身的利益需求及目标所作出的价值选择。价值导向是一元的，而价值取向是多元的，这可以从两个方面去理解：首先，价值导向是一种价值要求，价值要求是国家和

---

① 孙其昂：《思想政治教育学前沿研究》，北京：人民出版社2013年版，第245页。

社会利益的体现，即价值导向代表的是社会整体的利益选择，价值取向代表的是个体的利益选择。社会整体利益代表的是整个社会或国家，整体利益的选择会兼顾不同的个体而达到平衡的状态，但最终必然是以在社会占统治地位阶级的根本利益作为平衡各种利益的标准，从这个层面上讲价值导向只能是一元的。而个体的利益立场会随每个个体的诉求和实践经历而不同，所以价值取向是多元的。其次，社会存在决定社会意识，价值导向和价值取向都是社会意识的表现，由所处的社会状况决定。马克思和恩格斯曾鲜明地指出：人们的思想观念会随着"人们的社会存在的改变而改变"①。在一个社会中，代表统治阶级的物质经济制度是一元的，因此从社会存在决定社会意识的角度看，代表统治阶级的价值选择也是一元的；而个体作为社会存在的一部分，处于不断变化发展中，个体的思想会随生活条件、社会关系的变化而变化，则个体的价值取向也是多元变化的。因此，价值导向的一元性及价值取向的多样性都是客观存在的，不以人的意志为转移。同时，个体多元价值取向是基础，如果离开这一基础，那么价值导向是无法发挥规范引导作用的；而价值取向必须以价值导向为指引，不能偏离社会整体的发展方向，否则就无法长久存在。价值导向与价值取向之间是对立统一的关系。

从主导性是多样性中的统领性的角度看，思想政治教育主导性就是多元价值取向中的统领性，而这种统领性就是价值导向的一元性。在社会主义社会中，社会主义核心价值体系的坚持是一元价值导向的主要内容，所以，社会主义核心价值体系的一元主导性也是思想政治教育主导性的重要组成。从主导性与多样性之间关系角度所阐述的主导性实际上也是回应思想政治教育活动中如何处理好一元价值导向和多元价值取向之间关系的问题，从这一层面讲，思想政治教育主导性就是坚持社会主

---

① 《马克思恩格斯选集》（第1卷），北京：人民出版社2012年版，第420页。

义核心价值体系的一元主导性。从主导性与多样性的辩证关系看，社会主义核心价值体系的一元主导性可以理解为社会主义核心价值体系在社会文化中的领导权。这种领导权主要指社会主义核心价值体系对于多样社会思潮的思想统领。思想统领即一元的思想领导，代表占统治地位阶级的思想，即意识形态领导权是将统治阶级的世界观和价值观植入社会成员的思想，使之成为他们行动的指南，而价值取向及社会思潮的多元只能在社会主义核心价值体系的一元统领下才具备存在的基础。

综上，思想政治教育主导性是教育者在教育实践中发挥主动主导作用并尊重教育对象主体性，突出社会主义意识形态，实现多元取向的一元主导性。

二、思想政治教育主导性、阶级性、主体性的概念辨析

主导性、阶级性、主体性都是思想政治教育实践过程中重要特点表现。分析思想政治教育主导性的内涵，需要对这几个概念进行辨析。

一方面，在思想政治教育活动中，阶级性是本质属性。它是思想政治教育活动与其他教育活动相区分的根本特性，贯穿于教育过程的始终，也决定着教育活动中其他要素特点作用的发挥。马克思在其著作中曾鲜明地揭示思想政治教育的阶级性。在教育工人方面是"尽可能明确地意识到资产阶级和无产阶级的敌对的对立"[1]。骆郁廷（2010）认为"思想政治教育的本质就在于是按照一定阶级或集团的意识形态影响和改变人们的思想与行为的社会实践活动"[2]，而意识形态的本质特征在

---

[1] 《马克思恩格斯选集》（第1卷），北京：人民出版社2012年版，第434页。

[2] 教育部思想政治工作司编：《思想政治教育原理与方法》，北京：高等教育出版社2010年版，第39页。

于其阶级性；孙其昂（2002）认为"为统治阶级的根本利益服务，这是思想政治教育政治本质的一元性"①。综上，阶级性是思想政治教育活动中鲜明本质属性的体现，阶级性与主导性之间是一种紧密的关系。

第一，思想政治教育主导性由阶级性的本质决定。首先，主导性是否有必要存在是由思想政治教育阶级性所决定的。思想政治教育阶级性表现为思想政治教育活动中不同阶级或不同集团之间存在思想上的矛盾，矛盾的存在就提示出在思想政治教育活动中一方处于领导地位，一方处于受支配地位，所以处于受支配地位的方面必然要受主导层面因素的引导和规范。其次，阶级性决定思想政治教育的主导方向。它的性质特点决定了思想政治教育是为阶级服务的。"事物的本质规定事物的根本性质和发展方向"②，不同的阶级有不同的意识形态，所以哪个阶级处于统治地位，思想政治教育就为这一阶级服务。相应地，政治导向与价值导向也就向该阶级所倡导的意识形态方向发展。所以思想政治教育主导性的本质由其阶级性所决定。

第二，反过来，思想政治教育主导性的存在也为阶级性服务。阶级性是思想政治教育主导性的本质体现，同时思想政治教育主导性存在的目的就是为了宣传一定阶级的思想和意识形态，使社会民众的思想和行为能够向一定阶级所期待的方向发展。

另一方面，思想政治教育主体的本质属性表现为主体性，主导性能否发挥作用需要主体性的保障。在思想政治教育中，主体性指向教育者和教育对象。从教育价值关系上看，教育者主动主导性和教育对象的主体性是思想政治教育主导性的表现，即主体性是主导性的表现。教育者

①　孙其昂：《关于思想政治教育本质的探讨》，《南京师大学报（社会科学版）》2002年第5期，第22页。

②　孙其昂：《关于思想政治教育本质的探讨》，《南京师大学报（社会科学版）》2002年第5期，第22页。

在思想政治教育活动过程中主动承担教育活动的特性、教育对象主体意识和主体需求的确认，则表现为思想政治教育主体性。有学者认为"导向性主体""主动性主体""受动性主体"[①]三个要素是思想政治教育主体性的重要组成。以主导性内涵为视角，主动性主体、导向性主体以及受动性主体有利于保障思想政治教育主导性的发挥。政治教育的方针政策由导向性主体制定，要求导向性主体必须有自觉的责任意识，明确思想政治教育的目标和内容，才能明确教育活动的导向。主动性主体是"思想政治教育活动的发起者、促进者和实施者"[②]，他们将一定阶级或政党的思想理念以及道德素质要求向教育对象进行教化和传授。主动性主体必须在思想政治教育活动中有清晰的岗位意识和专业的职业素养，能够在政治教育活动中发挥引导规范的作用。受动性主体作用的发挥则是在主导功能实现过程中注重教育对象的主体需求的满足和主体意识的确认。因此，思想政治教育主体性作为主体的本质属性，其主体性能否凸显关系到主导性的发挥。

---

① 林伯海、周至涯：《思想政治教育主体及其主体性的要素构成新探》，《思想教育研究》2011年第2期，第12页。

② 林伯海、周至涯：《思想政治教育主体及其主体性的要素构成新探》，《思想教育研究》2011年第2期，第12页。

第三节　思想政治教育主导性相关概念的逻辑关系

　　"生命线"论断、合法性、权威性等都突显了思想政治教育的作用，这些作用的发挥与主导性之间是何种逻辑关系？通过厘清相关概念之间的逻辑关系为更好地明确思想政治教育主导性"是什么"奠定理论基础。

一、主导性与"生命线"的关系

　　思想政治教育是经济工作和其他一切工作的生命线，这是中国共产党思想政治教育"生命线"论断的集中概括，"生命线"指关系生物机体生存和发展的决定性因素，用"生命线"一词形容思想政治教育工作在共产党工作中的地位，反映了思想政治教育的重要性及其价值。"生命线"概念的最早提出是1932年的"政治工作不是附带的，而是红军的生命线"[①]，这个时候政治工作的生命线作用仅在革命斗争的范围内。1955年毛泽东提出"政治工作是一切经济工作的生命线"[②]，这个时候政治工作的生命线地位已经扩展到经济领域。直到十一届六中全会明确

　　[①]　中央档案馆编：《中共中央文件选集》（第8册），北京：中共中央党校出版社1991年版，第310页。

　　[②]　《建国以来重要文献选编》（第7册），北京：中央文献出版社1993年版，第207页。

"思想政治工作是经济工作和其他一切工作的生命线"①，思想政治教育的"生命线"地位扩展到中国共产党所领导的一切工作中。可见，"生命线"论断在党的革命和建设历史实践中不断深化完善。"生命线是形象地比喻人们的行动要受某种思想、某种政治观点的支配"②。思想政治教育"生命线"的这一论述是指共产党所主导的政治教育对社会群众和其他工作具有引导、规范、服务、保证的作用。孙其昂（2001）等认为"生命线"最根本的作用是思想上的保证作用，而思想政治教育主导性表现为教育者在思想政治教育活动中坚持主动主导作用的发挥及尊重教育对象主体性，坚持意识形态性的突显，在多元价值取向中坚持社会主义意识形态的一元导向。所以，在思想政治教育中，主导性能否有效发挥直接影响"生命线"地位的发展。

首先，教育者主动主导作用的发挥是"生命线"论断中思想政治教育能动性作用的保障。思想作为意识的内容，能动地反作用于现实物质。"理论一经掌握群众，也会变成物质力量"③，这是马克思鲜明的观点。无论是斗争时期政治工作作用的发挥还是改革开放时期的"生命线"价值，都是强调思想指导的重要作用，突出思想政治教育的动力作用，而动力作用的发挥离不开教育者的主动主导。正确的思想具有重要的指导作用和精神动力作用，但是思想是不会自发在群众脑中产生的，灌输论是列宁的重要观点，也是思想政治教育必须遵循的理论之一。先进的社会主义意识不会自发的产生，需要通过灌输主体有意识、有计划地进行思想政治教育，提高教育对象的思想觉悟，才能促进先进思想的

---

① 《三中全会以来重要文献选编》（下），北京：中央文献出版社1982年版，第831页。

② 中共中央党校毛泽东思想研究室编写组：《思想政治工作教程》，北京：中共中央党校出版社1987年版，第45页。

③ 《马克思恩格斯选集》（第1卷），北京：人民出版社2012年版，第9页。

形成。灌输论的重要观点是：只有教育者具备理论自觉才能将社会主义灌输给群众。在具体的思想政治教育活动中，教育者的理论自觉就是教育者的角色自觉，教育者对自己作为灌输主体的角色有清晰的认识，对所要灌输的理论有科学的认识并能够在信仰层面上做到真正的认同，如同习近平总书记在2019年召开的思想政治理论课教师座谈会上所提到的"让有信仰的人讲信仰"①，通过教育者主动主导地承担这一角色，最终发挥思想政治教育的教育引导作用。

其次，主流意识形态一元主导是思想政治工作"生命线"作用的突出体现。意识形态性是思想政治教育主导性的鲜明特性，体现为社会主义意识形态的一元导向性。一元导向既体现"生命线"作用同时也是对"生命线"的维护。有学者概括了思想政治教育"生命线"作用表现在"为经济工作和其他一切工作指明正确的政治方向""从根本上振奋群众的革命精神""防止和克服各种非无产阶级思想对革命思想的侵蚀"。②1983年，中共中央颁布的文件指出把"生命线"的作用定义为"思想政治工作的保证作用"③，所以思想政治教育"生命线"体现为保证引导的作用，尤其是进入社会主义改革开放阶段，社会主义市场经济和信息化时代的发展下，价值取向日趋多元，必须坚持社会主义意识形态的一元导向，这就是思想保证作用的发挥，确保一切工作都沿着社会主义性质和方向发展，这也是"生命线"作用的体现。同时，坚持社会主义意识形态的一元主导为和谐社会秩序和社会各阶层的利益协调提供统一的政治保障及动力支持，也为实现第二个百年奋斗目标凝聚思想共识，突显了思想政治教育的能动作用，有利于教育对象价值认同的增

① 习近平：《用新时代中国特色社会主义思想铸魂育人　贯彻党的教育方针落实立德树人根本任务》，《人民日报》2019年3月19日。

② 苏振芳主编：《思想政治教育学原理》，厦门：厦门大学出版社2000年版，第74—75页。

③ 《十二大以来重要文献选编》（上），北京：人民出版社1986年版，第363页。

强，从而确保"生命线"地位的维护。

二、主导性与合法性的关系

合法性是政治学中的核心问题，它在政治学中被理解为政体的一种能力。李普赛特认为"合法性意味着政体具备提出并维持一种信念——现有的政治制度是最适合所在社会制度——的能力"[①]；这种能力实际上是让社会民众认同所处社会的政治制度的能力；让-马克·夸克指出合法性是"被统治者与统治者关系的评价"[②]，包含三个要求："被统治者的首肯、社会价值观念和价值认同、与法律的性质和作用相联系"[③]。哈贝马斯认为"合法性意味着某种政治秩序被认可的价值"[④]。可见，认同是合法性中的关键因素。所以，思想政治教育合法性问题的实质是价值认同问题。有学者将思想政治教育合法性概括为"社会成员对社会所施加的思想政治教育的认可与接受"[⑤]。所以，对于合法性与主导性两者关系的探究，要从思想政治教育合法性的结果和存在依据两个方面进行探讨。

思想政治教育合法性的结果表现为教育对象的认可与接受。假如教育对象对思想政治教育是认可与接受的，那么教育的引导规范决定作用

---

① [美]西摩·马丁·李普塞特著：《政治人——政治的社会基础》，郭为桂、林娜译，南京：江苏人民出版社2013年版，第51页。

② [法]让-马克·夸克著：《合法性与政治》，佟心平、王远飞译，北京：中央编译出版社2008年版，第1页。

③ [法]让-马克·夸克著：《合法性与政治》，佟心平、王远飞译，北京：中央编译出版社2008年版，第2页。

④ [德]哈贝马斯著：《交往与社会进化》，张博树译，重庆：重庆出版社1989年版，第184页。

⑤ 王小凤：《思想政治教育合法性刍议》，《思想教育研究》2012年第10期，第15页。

才能发挥。因此，从这个角度看，在思想政治教育中，合法性是主导性作用发挥的前提。与此同时，合法性存在的依据也支撑着主导性作用的发挥。有学者认为思想政治教育合法性的依据有三个维度："人的需要是开展思想政治教育最根本的合法性"[①]"社会的需要是开展思想政治教育的现实合法性"[②]"科学性是开展思想政治教育的必要合法性"[②]。也有学者认为"人的本性、社会秩序性、知识传授性以及现实存在性作为思想政治教育合法性的基础"[③]。无论是哪一种界定，在思想政治教育中，人和社会发展需要是合法性存在的重要依据。思想政治教育合法性存在依据关涉思想政治教育过程中教育者主动主导作用发挥、主导内容的意识形态性以及如何主导的问题。在思想政治教育中，合法性存在的首要前提是人的需要被肯定，即人作为主体的需要是思想政治教育活动所重视的，人类生命存在的意义及价值需要是通过思想政治教育来得到确认的。因此，人的需要是思想政治教育合法性产生的根源。需要作为一种动机，会促使人的行为产生改变。人作为主体的需要使思想政治教育活动的存在具备必要性，而当人的价值取向与社会发展的价值导向相一致时，人才能够在最大程度上实现自己的发展，因此在思想政治教育中，通过实施主体主动承担责任，才能引导正确方向。与此同时，思想政治教育以社会发展需要作为存在的现实合法性，这成为思想政治教育确立主导内容及主导方式的前提。意识形态性在思想政治教育中是鲜明的特性，也是本源问题。作为一种实践活动，思想政治教育是在社会占统治地位的阶级维护其统治的重要工具，它的调整是根据社会不同阶

---

① 姚会彦、陈炳、高猛：《高校日常教育管理新论：基于交叉思维的专题研究》，杭州：浙江大学出版社2013年版，第70页。

② 姚会彦、陈炳、高猛：《高校日常教育管理新论：基于交叉思维的专题研究》，杭州：浙江大学出版社2013年版，第71页。

③ 谷佳媚：《思想政治教育合法性的基础建构》，《黑龙江高教研究》2009年第2期，第108页。

段的需要来进行的。思想政治教育既是某一阶级取得合法权力的基础，也是巩固和加强合法性的有效途径。因此，以社会总体发展需要作为基础的思想政治教育合法性为思想政治教育主导什么内容、如何主导指明了方向，奠定了基础。

三、主导性与权威的关系

权威也是政治学的一个重要范畴，它是伴随着人类社会的产生而不断发展变化的客观的社会现象。恩格斯在《论权威》中指出"这里所说的权威，是指把别人的意志强加于我们；另一方面，权威又是以服从为前提的"[①]。也有学者认为"权威是权力与威望的有机统一，是意志施加者与意志服从者的统一"[②]。因此，作为政治学范畴的权威应该包括两个元素，一是权力意志，二是服从认同。"思想政治教育就是确保政治治理取得权威的重要治政手段"[③]。权威在思想政治教育中是一种软权力，表现为受教育者对思想政治教育的服从和认同。根据权威两重元素（权力意志及服从认同），在思想政治教育中，权威的生成离不开施加主体意志的施加及受体的服从认同，通过权威主体的意志施加及权威客体的认同，形成了在思想政治教育活动系统中主从双方共同的意识、价值标准和行为准则，思想政治教育主导性便自然而然地凸显出来。

第一，思想政治教育权威以软权力确保教育者掌握思想政治教育主导权。"权威在社会发展过程中具有引导、规范、集中社会意志的作用"[④]。孙其昂（2013）认为"权威是思想政治教育的重要因素，是思

---

① 《马克思恩格斯选集》（第3卷），北京：人民出版社2012年版，第274页。

② 薛广洲：《权威前提与基础的哲学论证》，《中国人民大学学报》1998年第6期，第43页。

③ 王学俭、许伟：《思想政治教育权威及权威生成研究》，《思想政治教育研究》2015年第2期，第9页。

④ 王学俭、许伟：《思想政治教育权威及权威生成研究》，《思想政治教育研究》2015年第2期，第9页。

想政治教育有效的支点。灌输的前提和基础在于有权威，一旦失去权威，灌输必然失去基础，灌输的效果就大打折扣"[①]。因此，思想政治教育权威是一种软权力，软权力与强制性的硬权力相对，指主要采取思想教化、教育改造等柔性管理方式。思想政治教育权威作为一种软权力主要表现为引导社会发展方向、协调各方面矛盾形成共识。这种权威既具有政治权威的强制性，又有教育权威的感染力，可以确保思想政治教育的有序运行。因此，在社会中占统治地位的阶级运用思想政治教育实行思想道德等的施加，它本身就具备政治权威所赋予的先在的权力，这种权力就使代表统治阶级的教育者能够占据主导地位，成为意志施加者，确保主导作用的发挥；同时，从教育的角度讲，单纯靠权力的强制性是无法真正得到受教育者发自内心的认同的，所以教育权威更重要的来源是教育者的言传身教，通过教育者的身体力行与言传身教以及对教育对象的情感关注形成教育者权威，进而确保在思想政治教育中教育者主动主导作用的发挥。

第二，权威通过促使教育对象认同与服从确保思想政治教育的主导性效果。雅斯贝尔斯认为："真正的权威来自于内在的精神力量"[②]。思想政治教育权威既有政治权力所赋予的先定的外在权威，同时，作为一种教育权威，它要发挥作用更应该侧重于内在的精神力量。"权威的服从是一种信服，是对支配方意志的认同，尔后才有服从"[③]。只有教育对象在思想观念上认同教育者的思想和意志，才能在行动上表现为服从。而教育对象的认同和服从就意味着教育对象愿意接受思想政治教育者的主导，从而确保主导性效果的发挥。

---

① 孙其昂：《思想政治教育学前沿研究》，北京：人民出版社2013年版，第245页。

② ［德］雅斯贝尔斯著：《什么是教育》，邹进译，北京：生活·读书·新知三联书店1991年版，第70页。

③ 薛广洲：《权威特征和功能的哲学论证》，《浙江大学学报（人文社会科学版）》1998年第3期，第25页。

第三章

思想政治教育主导性理论探源

探讨思想政治教育主导性，必须全面深入把握思想政治教育主导性的理论基础。中国共产党的思想政治教育是在马克思主义指导下进行的，马克思主义关于思想政治教育主导性理论是马克思主义理论的重要组成部分。马克思主义经典作家在不同的历史时期都非常重视思想政治教育问题，形成了许多重要理论，成为思想政治教育主导性研究的重要基础。

同时，思想政治教育主导性伴随中国共产党治国理政实践不断发展深化。而中国共产党将思想政治工作视为一切工作的"生命线"，突出思想政治教育的决定性、支配性和引导性，中国共产党关于思想政治工作"生命线"的论断也是研究思想政治教育主导性的重要理论支撑。

第一节　马克思主义关于思想政治教育主导性理论

教育者主动主导作用的发挥及教育对象主体地位的确认、社会主义意识形态的突出，在多元价值取向中坚持社会主义意识形态的一元导向性是思想政治教育主导性内涵的重要组成部分。从教育价值关系的角度看，思想政治教育者的主动主导作用及教育对象主体性的发挥是主导性的重要体现；从本质层面看，意识形态性是思想政治教育主导性的本质；从主导性与多样性的辩证关系看，思想政治教育主导性体现为价值导向的一元性。中国共产党的思想政治教育是在马克思主义指导下进行的，思想政治教育主导性的发展也必须以马克思主义关于思想政治教育主导性理论为基础，具体有以下五个方面：

一、马克思恩格斯统治阶级思想统治理论

"统治阶级的思想在每一时代都是占统治地位的思想"①，这一观点鲜明地突出思想政治教育的工具性，即统治阶级进行思想统治的重要工具是思想政治教育，也把阶级性作为思想政治教育本质加以突出。这一理论也是思想政治教育为什么具备主导性的重要理论基础。

---

① 《马克思恩格斯选集》（第1卷），北京：人民出版社2012年版，第178页。

（一）经济基础决定上层建筑是统治阶级掌握思想主导权的客观原因

马克思认为统治阶级既是"占统治地位的物质力量，同时也是社会上占统治地位的精神力量"①。统治阶级掌握思想主导权的主要原因在于他们支配着物质生产资料，他们是社会上占统治地位的物质力量。经济基础决定上层建筑是历史唯物主义的核心内容，也是马克思主义思想中具有代表性的观点。马克思认为"随着经济基础的变更，全部庞大的上层建筑也或慢或快地发生变革"②。首先，上层建筑产生的前提是经济基础。在马克思恩格斯的文章中可以看到经济作为前提的相关表述。1890年，恩格斯在《恩格斯致约瑟夫·布洛赫》中指出："其中经济的前提和条件归根到底是决定性的。"③用"前提"来论证经济基础的先决性。因此，对于占有经济基础的统治阶级而言，他们就具备了掌握生产思想、主导整个社会思想的权力。其次，经济基础的性质决定上层建筑的性质。"全部上层建筑，归根到底都应由这个基础来说明"④，这是恩格斯的观点。在经济基础中占统治地位的阶级，他们就有权制定法律、政治制度等上层建筑，而这些上层建筑的性质必然是为该统治阶级的统治而服务的。也就是说，统治阶级占有统治社会的物质力量，具备了决定经济基础性质的权力，他们也就具备了主导整个社会上层建筑性质的权力。再次，经济基础的变更也决定上层建筑的变更，即上层建筑会随经济基础的改变而逐渐地发生变化。掌握经济基础的阶级在思想的社会关系中就占据了主导权，能够主导那些没有生产资料的阶级的思

---

① 《马克思恩格斯选集》（第1卷），北京：人民出版社2012年版，第178页。
② 《马克思恩格斯选集》（第2卷），北京：人民出版社2012年版，第3页。
③ 《马克思恩格斯选集》（第4卷），北京：人民出版社2012年版，第604—605页。
④ 《马克思恩格斯选集》（第3卷），北京：人民出版社2012年版，第401页。

想。因此，在社会占据经济基础的阶级，他们就掌握了主导思想法律等上层建筑变化的权力。

（二）统治阶级是思想的生产者是统治阶级掌握思想主导权的主观条件

首先，在物质基础上，统治阶级占据决定地位，所以他们也就具备掌握思想主导权的客观条件。而统治阶级也正因为占有物质生产资料，因此他们成为思想生产者，拥有自由思维的能力和权利。占据精神生产资料，这是他们具备思想主导权的主观条件，这也是马克思"统治阶级的思想在每一时代都是占统治地位的思想"[①]论断的重要论据。其次，统治阶级在经济社会生产中占据统治地位，为了维护他们的阶级统治，他们必须也占有思想统治的地位，因此他们必须进行思想的生产和分配。马克思恩格斯认为统治阶级所生产的思想带有鲜明的阶级性，目的在于维护阶级的统治。马克思认为新出现的统治阶级为了实现目的而"把自己的利益说成是社会全体成员的共同利益"[②]，以此批判统治阶级的虚假性。这充分表现出统治阶级具备思想生产的能力，并且他们在进行思想生产和分配的过程中时刻以维护阶级统治为中心。而在社会主义社会，共产党作为执政党代表的是广大人民群众的根本利益，所体现的思想也是以人民为中心，共产党作为执政党也是思想的生产者，所进行的思想生产和传播以实现共产主义作为理想，以维护和巩固共产党执政基础为重要目标。

（三）思想理论的工具性是思想政治教育主导性的理论依据

经济基础与上层建筑之间的作用与反作用关系是唯物史观的内容

---

① 《马克思恩格斯选集》（第1卷），北京：人民出版社2012年版，第178页。

② 《马克思恩格斯选集》（第1卷），北京：人民出版社2012年版，第180页。

之一。而统治阶级的主导思想作为上层建筑的一部分，确实对于统治阶级在物质生产领域的统治有重要的反作用。正如马克思认为的"它们又都互相作用并对经济基础发生作用"①。所以，在思想政治教育中，为什么主导性能够存在，其中一个重要依据是思想理论的重要性。首先，上层建筑对经济基础具有反作用主要体现在两个方面：一方面，上层建筑既是由经济基础决定，它作为统治阶级的主导思想而产生就是为了保证在经济基础中占统治地位阶级的统治；另一方面，思想统治的上层建筑中所具有的排他性有利于促进经济基础的进一步发展。当上层建筑中出现危害经济基础的非主流思想，那么主流的上层建筑会与之进行对抗，清除不利于经济基础发展的思想。因此，统治阶级所主导的思想理论具有重要的实践作用，这是思想政治教育为什么要体现主导性的原因之一。其次，思想理论是统治阶级重要的工具。统治阶级必须让自己所宣传的思想理论得到社会普遍的认同和接受。统治阶级的思想主导表现在社会成员接受统治阶级的价值观念，思想理论是统治阶级巩固统治的重要工具。对于思想理论的工具性，马克思也有类似的观点，"理论一经掌握群众，也会变成物质力量"②。所以，从工具主义的角度看，思想理论是至关重要的，而先进的思想理论无法在群众头脑中自发的产生，必须依靠外部灌输，所以无产阶级必须牢牢把握思想政治教育的主导权。

二、马克思恩格斯的意识形态教育理论

马克思主义经典作家关于意识形态教育有相关的系列理论。统治阶级思想的集中反映是意识形态，因此具有鲜明的阶级性，意识形态在政

---

① 《马克思恩格斯选集》（第4卷），北京：人民出版社2012年版，第649页。

② 《马克思恩格斯选集》（第1卷），北京：人民出版社2012年版，第9页。

党统治中具有极端重要的作用。意识形态教育是思想政治教育的重要内容，坚持马克思主义在意识形态中的主导地位，对于思想政治教育主导性具有重要的理论指导地位。

（一）意识形态的特殊性决定阶级统治中意识形态的地位

关于这个观点，马克思和恩格斯的论述包括三个方面的内容：首先是虚假观念的意识形态。他们批判意识形态的虚假性，一方面在于意识形态的颠倒性，即颠倒了社会存在与社会意识两者的关系，指出资产阶级的意识形态是虚假的，认为他们并没有从社会存在的客观现实出发。另一方面，意识形态的虚假性表现为它的欺骗性。马克思恩格斯指出"人们迄今总是为自己造出关于自己本身、关于自己是何物或应当为何物的种种虚假观念"[①]，资产阶级为了赢得社会公众的认同，会把资产阶级的思想伪装成是适合全社会的意识形态，把资产阶级本阶级的利益伪装成全社会的利益，"用歪曲的形式把自己的特殊利益冒充为普遍的利益"[②]，作为虚假观念的意识形态表现出颠倒性和虚假性。其次是阶级意识的意识形态，即意识形态维护阶级统治的阶级性，并且这种阶级性通过思想的教育引导来实现。再次，从上层建筑的角度理解意识形态，则它是由经济基础决定，是社会意识的一部分，由社会存在决定，有可能先于社会存在的发展，也有可能晚于社会存在的发展。意识形态具有特殊性，表现阶级性、虚假性以及相对独立性。在目前的社会主义社会中，西方霸权主义国家仍然可能利用意识形态的特殊性对社会民众进行渗透，因此执政党仍然要牢牢掌握意识形态的领导权，这是思想政治教育主导性的体现。

---

① 《马克思恩格斯全集》（第3卷），北京：人民出版社1960年版，第15页。

② 《马克思恩格斯全集》（第3卷），北京：人民出版社1960年版，第195页。

（二）意识形态斗争的存在凸显意识形态教育的意义

意识形态的特殊性在于，作为一种思想体系，它被广泛传播的重要途径是与其他思想进行论争。所以，意识形态家的共同特点是重视思想政治教育，即思想政治教育的意义通过意识形态斗争来凸显。意识形态斗争是各阶级在思想领域争夺主导权的表现。马克思恩格斯等马克思主义者所从事的工作就是不断地批判揭露资产阶级意识形态的虚假性，指导无产阶级夺取政权并在思想领域中与非主导的意识形态抗争。马克思指出"共产主义革命就是同传统的所有制关系实行最彻底的决裂"[①]。首先，意识形态斗争的存在是具有历史必然性的，这通过对其阶级性论证分析可以得出。意识形态的本质特点是阶级性，资产阶级的思想是代表自身利益的，但是资产阶级为了得到社会民众的认同，却把这种私人利益虚假化为社会公众的共同利益，对虚假意识形态的批判实际上也是思想领域斗争的过程。直至今天，西方的资本主义意识形态仍然企图通过网络西化我国青少年，企图为西方的价值观做辩护。所以，意识形态斗争是不可避免要存在的。其次，争夺对思想的主导权仍然是意识形态斗争的重要方面。两种不同性质的意识形态之间的斗争也表现为一种此消彼长的关系，这种关系表现在思想领域要么是社会主义意识形态占据主导地位，要么是资产阶级意识形态，所以，意识形态教育始终不能放松，要确保社会主义意识形态能够占据思想主阵地。

三、马克思恩格斯的政治权威观

思想政治教育是党的传统优势，它既需要中国共产党权威的外在保障，同时，中国共产党在意识形态教育管理过程中也会形成相应的特殊

---

① 《马克思恩格斯选集》（第1卷），北京：人民出版社2012年版，第421页。

的权威形态——思想政治教育权威。在思想政治教育中，主导性的发展是对社会主义意识形态主导性的巩固。因此，马克思主义的政治权威观也是保障思想政治教育主导性的重要理论基础。

（一）政治权威内在本质论证思想政治教育主导性如何实现

有学者指出"在马克思恩格斯看来，政治权威是合法性与认同性的辩证统一"[①]。政治权威的合法性是从政治权威产生的角度进行分析，认同性是从政治权威维护的角度进行界定的。关于权威，恩格斯指出"权威，是指把别人的意志强加于我们；另一方面，权威又是以服从为前提"[②]。权威是一种存在于人类社会发展过程中的客观社会现象，马克思主义认为意志施加以及服从是权威的构成部分；关于权威，恩格斯认为"如果用炸弹和枪弹把自己的意志强加于别人……这就是在行使权威"[③]。因此政治权威既包含政治权力也包含对政治权力的认同。意志的施加离不开权力，而权力的正常运转就需要论证政治权力的正当性和合法性。同时，政治权威另一特点是认同和服从。马克思在《路易·波拿巴的雾月十八日》里用"顺从"等字眼来说明权威，如"对从上面保护它的权威采取顺从态度"[④]，"他们的代表一定要同时是他们的主宰，是高高站在他们上面的权威"[⑤]。王沪宁指出政治性权威是"国家履行阶级统治的政治职能时运用暴力来迫使他人服从的能力"[⑥]。马克

---

① 彭先兵、覃正爱：《马克思主义政治权威观探析》，《马克思主义研究》2018年第7期，第86页。

② 《马克思恩格斯选集》（第3卷），北京：人民出版社2012年版，第274页。

③ 《马克思恩格斯选集》（第4卷），北京：人民出版社2012年版，第500页。

④ 《马克思恩格斯选集》（第1卷），北京：人民出版社2012年版，第767页。

⑤ 《马克思恩格斯选集》（第1卷），北京：人民出版社2012年版，第763页。

⑥ 王沪宁：《政治的逻辑——马克思主义政治学原理》，上海：上海人民出版社2004年版，第179页。

思主义关于政治权威内在本质的界定说明执政党树立政党权威及领导核心的重要性。而思想政治教育就是加强和巩固政党权威过程中的意识形态教育。思想政治教育主导性是执政党在意识形态领域占据主导性合法性地位的体现。也有学者认为合法性危机发生于现代社会变革中，将合法性定义为被承认的合法秩序。因此，合法性与认同性是辩证统一的，在思想政治教育过程中一方面必须通过国家的各种治理实践论证国家权力的正当性和合法性，给予思想政治教育主导性以外在的权力支持；另一方面，正如恩格斯指出来的权威以服从为前提，服从包括行动上的服从及精神上的认同，思想政治教育要实现主导性就必须获得社会公众的认同和信仰。

（二）政治权威的特点论证思想政治教育主导性的必要性

学者彭先兵、覃正爱从马克思主义政治权威观内在本质要求推导出马克思主义政治权威的三大基本特征："多样性与归一性""权威性与权力性""民主性与集中性"。[①]这三大特点从马克思主义理论的角度论证了思想政治教育主导性的必要性。首先，恩格斯的《论权威》是对以巴枯宁为代表的无政府主义者的批判，论述了国家权威的必要性。"马克思恩格斯认为，国家（政权、政府）才是最具典型意义的政治权威"[②]，即政治权威与国家认同的统一性。政治权威形式是多样的，但是本质是归于对国家政党的认同，所以其意识形态教育工具——思想政治教育，在对社会公众进行价值观和思想传播的过程中，也必然始终围绕维护国家和政党统治这一核心进行。其次，马克思在《1848年至

---

① 彭先兵、覃正爱：《马克思主义政治权威观探析》，《马克思主义研究》2018年第7期，第87—88页。

② 彭先兵、覃正爱：《马克思主义政治权威观探析》，《马克思主义研究》2018年第7期，第87页。

1850年的法兰西阶级斗争》中指出"政府，这是镇压的工具，是权威的机关"①，以此说明政治权威与权力之间的交叉性。权力是一种强制性的权力，侧重于强制性，而权威是权力基础上的精神认同力量，是权力与威望的结合，它是保持行动统一的精神源泉。教育与管理是现代思想政治教育学的范畴之一，教育表现出鲜明的阶级性，而管理则带有普遍的社会性，管理需要依靠权力，可以规范社会公众的行为，保障良好的社会秩序，为教育的进行提供保障。但是管理依靠权力，有较强的强制性，需要教育的引导和支持。有学者提出"思想政治教育除了对于人的思想行为的管控和改造外，是否还应使人释放心灵、自由发展和激发创新的特性？"②所以需要发挥思想政治教育主导性，使社会公众在对主流意识形态认同服从的基础上保持个体的独立创新，塑造真正的思想政治教育权威。再次，马克思恩格斯早在第一国际刚开始成立的时候就强调民主性与集中性的统一性问题，他们所论述的无产阶级权威是民主性和集中性的统一。恩格斯在《论权威》中已经明确地指出没有权威就没有统一的行动，权威实际上是民主意志集中的体现。在思想多样化的社会中，必须有统一的指导思想形成共识，才能统一行动。所以思想政治教育是在多元价值取向的社会中引导社会公众保持一元的价值导向，确保共识的形成。

四、列宁关于教育与政治关系理论

列宁是马克思主义经典作家之一，他对教育与政治辩证关系的理论也是本研究的理论支撑。列宁强调"我们都不能抱着教育不问政治

---

① 《马克思恩格斯选集》（第1卷），北京：人民出版社2012年版，第522页。

② 双传学、范美香：《思想政治教育权威的现代转型》，《探索》2015年第2期，第135页。

的旧观点"①。所以，教育和政治是思想政治教育的两个重要组成部分，它们之间是一种相辅相成的辩证关系，也是思想政治教育必须坚持意识形态主导性的理论依据之一。何谓政治？列宁认为"政治就是参与国家事务，给国家定方向"②，认为政治是一种社会实践，是一种围绕国家事务而进行的实践活动，具有鲜明的阶级性。反对教育脱离政治，就是教育作为另一种实践活动，它的开展是与政治相互交叉和联系的。首先，政治决定教育。一方面是政治决定教育的性质，1913年列宁在批判封建沙皇专制下的教育目的是培养为统治阶级服务的人才，为此统治阶级剥夺了普通民众受教育的权利；另一方面，政治决定教育的任务。列宁指出"资产阶级竭力抹杀无产阶级专政的一个更为重要的作用，即教育任务"③，列宁认为"我们的任务是要战胜资本家的一切反抗"④。教育由政治决定，而思想政治教育作为意识形态教育的重要部分，更是必须坚持政治主导性。其次，教育为政治服务。列宁认为政治决定教育，同时，教育也对政治的发展起能动的作用。1921年列宁在全俄政治教育委员会第二次代表大会上强调"文盲是处在政治之外的"⑤论断，当时俄国成年人的文盲率比较高，而列宁当时通过教育扫除文盲最主要的目的是实行新经济政策，通过教育培养从事政治活动的人，通过教育提高国民的科学文化素质进而巩固苏维埃政权。这体现了教育为政治服务的能动性，所以思想政治教育必须坚持政治目标导向。

① 《列宁选集》（第4卷），北京：人民出版社1995年版，第302页。
② 《列宁全集》（第31卷），北京：人民出版社1985年版，第128页。
③ 《列宁全集》（第39卷），北京：人民出版社1986年版，第400页。
④ 《列宁选集》（第4卷），北京：人民出版社1995年版，第307页。
⑤ 《列宁选集》（第4卷），北京：人民出版社1995年版，第590页。

五、列宁的灌输理论

列宁的灌输理论是马克思主义灌输理论的主要代表。列宁在《怎么办？》中阐述了为什么要进行先进理论灌输以及如何进行灌输的问题，也是著名的"灌输论"，是思想政治教育坚持主导性的重要理论基础。首先，列宁认为先进理论是不可能在工人中自发产生的，必须从外部灌输进去。"阶级政治意识只能从外面灌输给工人"①，因此思想政治教育坚持主导性，坚持由教育者以党的先进理论作为教育内容的主导，从外部灌输进去。其次，只有坚持社会主义的理论灌输才能战胜资产阶级本身占有的优势。列宁认为资产阶级意识形态"经过了更加全面的加工，它拥有的传播工具也多得不能相比"②。尤其资产阶级意识形态在当今信息化社会的渗透更是无孔不入，需要时刻坚持思想政治教育主导性。最后，只有坚持正确理论的引导和灌输才能使工人阶级自觉地进行革命运动。列宁指出："没有革命的理论，就不会有革命的运动。"③在以和平与发展为时代主题的社会中，虽然没有大范围的革命战争，但是在资产阶级和无产阶级中仍然存在意识形态斗争。因此，必须坚持思想政治教育主导性，使社会公众能够清醒地认识资产阶级意识形态的本质，自觉抵制非主流意识形态的渗透。

---

① 《列宁选集》（第1卷），北京：人民出版社1995年版，第363页。
② 《列宁选集》（第1卷），北京：人民出版社1995年版，第328页。
③ 《列宁选集》（第1卷），北京：人民出版社1995年版，第311页。

第二节　中国共产党的"生命线"论断

"生命线"论断强调思想政治工作是一切工作的"生命线"，突出思想政治教育的决定性、支配性和引导性，这一论断也是思想政治教育主导性研究的重要理论支撑。

一、"生命线"论断的提出："生命线"到"灵魂"的升华

以毛泽东为核心的党的第一代中央领导集体对于思想政治工作的地位和价值作出了"生命线"的论断，成为重要的指导理论。

第一，共产党在土地革命时期将政治工作视为红军的"生命线"。1929年毛泽东指出"红军党内最迫切的问题，要算是教育的问题"[①]，这一论述虽未明确出现"生命线"的字眼，但表明党内政治工作的重要性已经被共产党充分认识，并且将思想政治教育工作视为当时红军党内最迫切的问题。"生命线"的首次提出是1932年，共产党在给中央苏区的信中指出"政治工作不是附带的，而是红军的生命线"[②]。毛泽东还提出"须知政权是由枪杆子中取得的"，枪杆子是共产党人自蒋介石发动"四一二"政变以后非常重视的生命武器，而此处将政治工作与枪

---

① 《毛泽东文集》（第1卷），北京：人民出版社1993年版，第94页。
② 中央档案馆编：《中共中央文件选集》（第8册），北京：中共中央党校出版社1991年版，第310页。

杆子并提，体现政治工作的重要性。"政治工作是红军的生命线"[①]的全面阐述是1934年王稼祥、朱德、周恩来在第一次全国政治工作会议上所论述的。1938年，周恩来指出："革命政治工作是一切革命军队的生命线与灵魂。"[②]1937年毛泽东指出政治工作是八路军"极其重要和极其显著的东西"[③]，虽没明确用"生命线"的字眼，但是用了两个"极其"来突显政治工作在军队中的重要性。1944年4月，毛泽东指出，"政治工作是我们军队的生命线，无此则不是真正的革命军队"[④]，"共产党领导的革命的政治工作是革命军队的生命线"[⑤]，以上论断是毛泽东当时所做报告中的重要论点。这一报告在学界被视为毛泽东思想政治教育理论成熟的重要标志。

第二，掌握思想政治教育，是团结全党进行伟大政治斗争的中心环节。1945年，毛泽东强调"掌握思想教育，是团结全党进行伟大政治斗争的中心环节"[⑥]。关于思想政治教育的价值，从红军的"生命线"论断上升为伟大政治斗争中心环节的思想，这是把政治工作的保证、引导作用从军队工作向党的政治建设领域延伸，也是对思想政治教育主导领域的扩大。"中心环节"的提出是基于党在整风运动中取得了成效，纠正了不纯正思想。"中心环节"的表述突出了决定作用。

第三，政治工作是一切工作的"生命线"。1955年，毛泽东在《严

① 黄小蕙、郭景辉、李玉堂主编：《思想政治工作70年》，北京：国防大学出版社1991年版，第188—189页。

② 《周恩来选集》（上卷），北京：人民出版社1980年版，第93页。

③ 《毛泽东选集》（第2卷），北京：人民出版社1991年版，第379页。

④ 中央档案馆编：《中共中央文件选集》（第14册），北京：中共中央党校出版社1992年版，第218页。

⑤ 中央档案馆编：《中共中央文件选集》（第14册），北京：中共中央党校出版社1992年版，第207页。

⑥ 《毛泽东选集》（第3卷），北京：人民出版社1991年版，第1094页。

重的教训》一文中重提"生命线"论断，但是这一次把"生命线"的作用从军队扩展到一切经济工作，这是根据国家的形势由革命转入建设而进行调整的。这一论断也阐述了经济和政治工作两者之间的关系，突出政治工作的重要性。在社会主义进入建设的初期，党运用思想政治工作的优势，鼓励全国人民积极投身社会主义的建设，这是思想政治工作激励作用的体现。

第四，思想和政治又是统帅，又是灵魂。毛泽东在1957年发表的《关于正确处理人民内部矛盾的问题》中指出要加强思想政治工作，无论是青年学生还是知识分子都要加强学习马克思主义，同时指出"没有正确的政治观点，就等于没有灵魂"①。1958年，毛泽东又在《工作方法六十条》（草案）中明确指出"思想和政治又是统帅，是灵魂"②。"灵魂"一词比喻某因素在事物中起主导和决定作用，毛泽东这里将正确的政治观点视为灵魂，将思想和政治工作视为灵魂，实际上是突出政治工作的决定作用，同时明确思想政治教育的方向引导性质。

二、"生命线"的继承发展：一切工作的生命线

以邓小平为核心的党的第二代中央领导集体继承发展了前人的相关论述，对"生命线"论断作进一步深化，再次突出了政治工作的保证引导作用，从理论角度阐述了为什么思想政治教育具有主导性。

第一，第二代领导集体继承和发展了"生命线"论断。伴随着党的拨乱反正工作的全面开展以及国家工作重心的转移，党对于思想政治教育工作的认识也进入了新时期，以邓小平为核心的党的第二代中央领导集体坚持思想政治教育"生命线"的一贯主张，在政治工作是一切经济

---

① 《毛泽东文集》（第7卷），北京：人民出版社1999年版，第226页。
② 《毛泽东文集》（第7卷），北京：人民出版社1999年版，第351页。

工作的"生命线"的基础上，1981年十一届六中全会的决议指出"思想政治工作是经济工作和其他一切工作的生命线"①，把思想政治工作视为"生命线"的同时，突出政治工作在党和国家一切工作中性质和方向的决定作用，这是对思想政治教育"生命线"论断的深化，从经济工作的"生命线"向其他工作扩展，这是对思想政治工作的保障引导作用的体现，也体现新一代中央领导集体对思想政治教育工作的重视。在1980年，邓小平就已经对思想政治教育工作作出明确的定位，邓小平认为对待思想政治工作要"切实认真做好，不能放松"②"思想政治工作和思想政治工作队伍都必须大大加强，决不能削弱"③。

第二，思想政治工作是"真正优势"。1985年9月，邓小平在中国共产党全国代表会议上回顾党的历史，他强调："过去我们党无论怎样弱小，无论遇到什么困难，一直有强大的战斗力，因为我们有马克思主义和共产主义的信念。有了共同的理想，也就有了铁的纪律。无论过去、现在和将来，这都是我们的真正优势。"④而坚定理想信念的形成必须通过思想政治教育。邓小平在总结1989年政治风波时主要也是从思想政治教育的角度出发，"十年最大的失误是教育，这里我主要是讲思想政治教育"⑤，从正面和反面的经验教训突出坚持思想政治教育主导性的必要性。

第三，思想政治工作为社会主义现代化建设服务。邓小平指出"离开了经济建设这个中心，就有丧失物质基础的危险"⑥。即一切工作都

---

① 《三中全会以来重要文献选编》（下），北京：人民出版社1982年版，第831页。
② 《邓小平文选》（第2卷），北京：人民出版社1994年版，第342页。
③ 《邓小平文选》（第3卷），北京：人民出版社1993年版，第145页。
④ 《邓小平文选》（第3卷），北京：人民出版社1993年版，第144页。
⑤ 《邓小平文选》（第3卷），北京：人民出版社1993年版，第306页。
⑥ 《邓小平文选》（第2卷），北京：人民出版社1994年版，第250页。

要服从于经济建设的中心，也包括思想政治教育。并且经济建设实际上不单纯是经济问题，它也直接影响到政治，邓小平曾明确地指出"马克思主义的思想理论工作是不能离开现实政治的"①。《坚持四项基本原则》的讲话指明了新时期教育的方向，也体现了思想政治教育主导的目标。通篇讲话以思想政治方面的问题为核心，把在思想政治上坚持四项基本原则作为"实现四个现代化的根本前提"②。因此，在十一届三中全会以后开始的拨乱反正新时期，思想政治教育为社会主义现代化建设服务。邓小平指出在实现四个现代化的过程中，必然会出现很多的新问题，不会是一帆风顺的，对此邓小平认为解决的办法是"要教育党员和群众以大局为重，以党和国家的整体利益为重"③，1992年邓小平强调"要把我们的军队教育好……把人民和青年教育好"④。可见，邓小平将思想政治教育作为社会主义现代化建设顺利开展的重要保障手段。因为在邓小平看来，思想政治教育有重要的理论导向作用，坚持四项基本原则集中体现了正确的理论导向；邓小平认为四项基本原则必须牢牢坚持，如果任何一项动摇，"那就动摇了整个社会主义事业，整个现代化建设事业"⑤。坚持四项基本原则是同各种错误思潮和倾向作斗争的重要武器。

第四，加强和改善党的领导离不开思想政治教育，主导性明确的主导主体是共产党，通过加强政治工作改善党的领导。可见，邓小平认为党的领导干部必须学会做思想政治工作，包括做人的工作、做群众工作以及做党的思想政治工作。党必须牢牢把握思想政治工作这一重要"生

---

① 《邓小平文选》（第2卷），北京：人民出版社1994年版，第179页。
② 《邓小平文选》（第2卷），北京：人民出版社1994年版，第164页。
③ 《邓小平文选》（第2卷），北京：人民出版社1994年版，第152页。
④ 《邓小平文选》（第3卷），北京：人民出版社1993年版，第380页。
⑤ 《邓小平文选》（第2卷），北京：人民出版社1994年版，第173页。

命线", 以党内教育为起点, 发挥思想政治教育的优势。同时这一思想也明确强调党对思想政治工作的领导, 是思想政治教育主导主体作用的突出。

三、"生命线"的内涵深化: "中心环节"与 "政治优势"

以江泽民为核心的党的第三代领导集体在国内改革进入攻坚期, 发展进入关键期, 国际社会主义发生变化的背景下, 保持思想政治教育主导性继续突出, 对思想政治工作"生命线"论断的内涵进行深化, 主张思想政治工作是"团结全党全国各族人民实现党和国家各项任务的中心环节"①, 突出思想政治教育的引导和激励功能。

第一, "中心环节"论述的深化。"中心环节"的论述在邓小平时期是: 思想政治教育是全党进行伟大斗争的中心环节; 在世纪之交, "中心环节"的内涵深化了, 思想政治教育不仅是意识形态斗争的中心环节, 更是实现党和国家各项任务的中心环节, 表明了思想政治工作引导保障功能作用领域的扩大。随着经济及全球化的发展, 资本主义意识形态渗透日益强化, 作为实现各项任务中心环节的思想政治教育起到方向发展的引导作用。同时, "中心环节"还表现在思想政治教育对于实现各项任务的保障作用。1991年3月, 江泽民认为把事情做好的关键保障是思想政治工作的开展和精神文明建设, 将思想政治工作作为精神文明建设的重要方面。②在社会体制及利益格局改变的大环境下, 发挥思想政治教育精神动力和凝聚人心的作用, 从而为各项任务的实现提供一个相对稳定良好的社会环境。

---

① 《江泽民文选》(第3卷), 北京: 人民出版社2006年版, 第74页。
② 《江泽民论社会主义精神文明建设》, 北京: 中央文献出版社1999年版, 第114页。

第二，党的思想政治工作是党和国家的政治优势。1993年党中央颁布的文件中指出"越是改革开放，发展社会主义市场经济，越是加快高等教育的改革和发展，越要加强党对高等学校的领导，加强和改进党的建设和思想政治工作，充分发挥党的政治优势"①。从改革开放、中国特色社会主义市场经济以及高等教育改革的发展角度强调思想政治工作的政治优势，是从思想政治教育的引导保证功能强调主导性。思想政治工作是党的政治优势，其中很重要一点是因为思想政治教育坚持马克思主义的指导地位，明确了党的各项工作开展的方向。正如2000年江泽民在指出，"引导干部群众分清主流和支流、分清正确和谬误"②是政治工作的重要任务。分清主流和支流、分清正确与谬误是思想政治教育主导性的鲜明体现。

四、"生命线"的创新发展：育人为本，德育为先

以胡锦涛同志为总书记的第四代中央领导集体坚持"以人为本"的价值取向，对思想政治教育的"生命线"论断进行了创新性的发展，颁发了《关于进一步加强和改进大学生思想政治教育的意见》等重要文件，将"育人为本，德育为先"作为重要要求，突出了先导性和教育对象的主体性。

第一，思想政治工作关系社会主义事业的发展。2005年，胡锦涛指出人才培养"是我国社会主义教育事业发展中必须解决好的根本问题"③。将人才培养提高到关系社会主义事业发展的高度，而其中人才

---

① 全国普通高校"两课"教育教学调研工作领导小组编：《普通高校思想政治教育课程文献选编（1949—2003）》，北京：中国人民大学出版社2003年版，第145页。

② 《江泽民文选》（第3卷），北京：人民出版社2006年版，第82页。

③ 《十六大以来重要文献选编》（中），北京：中央文献出版社2006年版，第632页。

培养最关键的是必须培养为社会主义事业发展服务的人才，这就关系到人才培养教育中的理想信念教育，也就是思想政治教育。十七大指出"培养德智体美全面发展的社会主义建设者和接班人"①。从社会主义事业的发展、从培养建设者和接班人的角度阐述思想政治教育的重要性以及提出相应的新要求，这也是思想政治教育主导性的突出。

第二，思想政治教育关系党的执政能力和执政地位。2006年胡锦涛在中共十六届六中全会第二次全体会议上的讲话指出"要从赢得青年、赢得未来的高度，抓好大学生的理论学习"②，因为青年的理想信念关系到青年对共产党执政的认同，即青年的理想信念教育回到"培养什么人"的问题，青年树立什么样的理想信念和价值目标影响党和国家的发展。据此，胡锦涛要求各级党委和政府要把加强和改进大学生思想政治教育工作作为"提高党的执政能力、巩固党的执政地位的一项重要工作"③，将青年的思想政治教育工作与党的执政能力和执政地位联系起来，这是对"生命线"论断的继承与创新。

第三，思想政治教育坚持以人为本。2003年，胡锦涛指出"思想政治工作说到底是做人的工作，必须坚持以人为本"④。育人是思想政治教育的直接目标，以人为本是它的价值取向。在教育活动中，思想政治教育是放在最前面的，这也是先导性的体现。在教育方式上，胡锦涛强调"既要坚持教育人……又要做到尊重人、理解人"⑤，体现的是思想政治教育以人为本的理念。2009年胡锦涛在党的建设相关问题的决议中

① 《十七大以来重要文献选编》（上），北京：中央文献出版社2009年版，第29页。
② 《胡锦涛文选》（第2卷），北京：人民出版社2016年版，第528页。
③ 《十六大以来重要文献选编》（中），北京：中央文献出版社2006年版，第658页。
④ 《坚持用"三个代表"重要思想统领宣传思想工作　为全面建设小康社会提供科学理论指导和强大舆论力量》，《人民日报》2003年12月8日。
⑤ 《坚持用"三个代表"重要思想统领宣传思想工作　为全面建设小康社会提供科学理论指导和强大舆论力量》，《人民日报》2003年12月8日。

指出"把思想理论建设放在首位，提高全党马克思主义水平"①，认为新形势下在党的建设中，思想理论建设居于首位，而思想政治教育是党的传统优势，保持党同人民群众的血肉联系，在思想政治教育上就体现为尊重人、理解人、关心人、帮助人，将解决群众的实际问题与解决思想问题相结合，突显以人为本的价值取向。

五、"生命线"的时代升华：实现党性和人民性的统一

进入新时代，以习近平同志为核心的党中央高度重视思想政治工作，提出一系列新思想和新论述，尤其是在习近平系列讲话中指出"意识形态工作是一项极端重要的工作"②"充分发挥政治工作对强军兴军的生命线作用"③"思想政治工作是学校各项工作的生命线"④"群众路线是我们党的生命线和根本工作路线"⑤等，这些论述既强调要加强党的领导核心，突出政治建设，又围绕以人民为中心，强调使党的正确主张成为群众的自觉行动，是党性和人民性相统一的体现。这既是"生命线"论断在新时代的升华，也突出思想政治工作的重要性和意识形态性，成为思想政治教育主导性发展的重要理论支撑。

第一，加强党的领导，高度重视思想政治工作。把思想政治工作贯穿党的建设的始终，高度重视思想政治工作是新时代党中央治国理政

---

① 《中共中央关于加强和改进新形势下党的建设若干重大问题的决定》，北京：人民出版社2009年版，第6—7页。

② 《胸怀大局把握大势着眼大事 努力把宣传思想工作做得更好》，《人民日报》2013年8月21日。

③ 习近平：《习近平谈治国理政》（第2卷），北京：外文出版社2017年版，第401页。

④ 《坚持中国特色社会主义教育发展道路 培养德智体美劳全面发展的社会主义建设者和接班人》，《人民日报》2018年9月11日。

⑤ 《党的群众路线教育党员干部读本》，人民出版社2013年版，第1页。

理论发展的鲜明特点之一。一方面，2013年习近平在全国宣传思想工作会议上的讲话强调"经济建设是党的中心工作，意识形态工作是党的一项极端重要的工作"①。思想政治教育是意识形态工作的核心，突出意识形态工作的重要性，也突出思想政治教育在新时代中的重要地位。同时，党中央强调要牢牢把握党对意识形态的领导权：2016年习近平在全国高校思想政治工作会议上的讲话指出"保证高校正确办学方向，掌握高校思想政治工作主导权"②，在党的十九大报告中，更是将"牢牢掌握意识形态工作领导权"③作为单列的一条进行论述，党的二十大报告旗帜鲜明地指出"意识形态工作是为国家立心、为民族立魂的工作……健全用党的创新理论武装全党、教育人民、指导实践工作体系"④，凸显新时代党对意识形态工作的领导。另一方面，习近平在全国教育大会上还明确了"思想政治工作是学校各项工作的生命线"的论断，用"生命线"的表述突出思想政治工作在学校教育中的决定性地位，突出"立德树人"是教育活动的中心环节和任务目标，也是突出党对教育工作的全面领导。这一系列论述是对"生命线"论断的时代升华，成为思想政治教育主导性的重要理论基础。

第二，以人民为中心，使党的主张与群众自觉行动相统一。党的十八大以来，以人民为中心的导向在党中央治国理政的实践中清晰突

① 《胸怀大局把握大势着眼大事　努力把宣传思想工作做得更好》，《人民日报》2013年8月21日。

② 《把思想政治工作贯穿教育教学全过程　开创我国高等教育事业发展新局面》，《人民日报》2016年12月9日。

③ 习近平：《决胜全面建成小康社会　夺取新时代中国特色社会主义伟大胜利——在中国共产党第十九次全国代表大会上的报告》，北京：人民出版社2017年版，第41页。

④ 习近平：《高举中国特色社会主义伟大旗帜　为全面建设社会主义现代化国家而团结奋斗——在中国共产党第二十次全国代表大会上的报告》，北京：人民出版社2022年版，第43页。

显。习近平在庆祝中国共产党成立100周年大会上的讲话明确强调"江山就是人民、人民就是江山"①，揭示了人民与政权之间的辩证关系，突出人民是我们党的生命之根、执政之基、力量之源。2013年6月习近平在党的群众路线教育实践活动及12月纪念毛泽东同志诞辰120周年座谈会上的讲话均用"生命线"强调群众路线的重要性，如"群众路线是我们党的生命线和根本工作路线，是我们党永葆青春活力和战斗力的重要传家宝"②。"生命线"论断最初是围绕政治工作而提出的，突出政治工作的重要性。进入新时代，党中央关于"生命线"的论断不仅强调思想政治工作的重要性，而且从实现党性和人民性相统一的角度，将坚持群众路线也作为党的"生命线"，突出人民主体地位，始终保持与人民群众的血肉联系，把人民立场作为中国共产党的根本政治立场并实现党的正确主张与人民群众自觉行动的相统一，这是新时代党中央对"生命线"论断的升华，也是思想政治教育主导性如何突出意识形态本质的理论指导。

---

① 习近平：《在庆祝中国共产党成立100周年大会上的讲话》，北京：人民出版社2021年版，第11页。

② 习近平：《习近平谈治国理政》（第1卷），北京：外文出版社2018年版，第27页。

第四章

新时代思想政治教育主导性的本质表征

4

本质表征是对事物本质属性、表现形式以及特点的深层探讨，是课题研究的重点。新时代思想政治教育主导性的本质表征既指新时代思想政治教育主导性本质属性与新时代以前党的思想政治教育主导性相比较的区别与联系，也指思想政治教育主导性在新时代党中央治国理政实践与中国特色社会主义理论发展中的表现形式与时代特色。

"时代性"是思想政治教育主导性与时俱进的鲜活证明。新时代以习近平同志为核心的党中央高度重视思想政治教育，提出了很多相关的论断，主导性的时代特性也蕴含于其中。必须以思想政治教育主导性的内涵为基础，以新时代作为研究背景，探讨新时代思想政治教育主导性的本质表征。

第一节　新时代思想政治教育主导性的本质属性

本质属性是新时代思想政治教育主导性本质表征的首要问题。新时代思想政治教育主导性的本质属性与新时代以前党的思想政治教育主导性相对而言：既与只强调政治主导而忽视多样性的传统思想政治教育主导性的特征相区分，又以强调主导性与多样性相统一的现代思想政治教育主导性的属性为基础，并兼具新时代党中央治国理政理论和中国特色社会主义发展实践的特色。

分析新时代思想政治教育的本质属性，必须以新时代中国特色社会主义的发展实践作为线索，以思想政治教育主导性的内涵为基础，分析主导性在新时代背景下的根本属性。进入新时代，党中央再次强调思想政治工作的重要性。新时代思想政治教育主导性是教育者发挥主动主导作用，尊重教育对象主体性，突出社会主义意识形态的本质，实现社会主义核心价值观对多元价值取向的一元主导性。结合新时代党中央围绕思想政治教育提出的系列理论，从教育者与教育对象之间的关系、意识形态本质凸显以及一元对多元的导向三个层面进行分析，新时代思想政治教育主导性主要表现为三个方面的特征。

一、主导性与主体性的实然统一

从教育价值关系的角度看，主导性与主体性相统一是思想政治教育主导性的应然属性之一。教育者主动主导作用的发挥必须以激发教育实践中教育对象作为价值主体的主体性为旨归，才能发挥思想政治教育主导性的效能。改革开放以前，由于社会的封闭性，传统思想政治教育主导性表现为单一的政治主导性，片面强调教育者的主导地位而忽视教育对象的主体性。改革开放后，社会日益开放多元，个体主体意识逐渐突出，现代思想政治教育主导性也逐渐重视教育对象的主体性；在教育活动中关于主体的界定，也由原来的教育者作为教育主体的"单主体说"到教育者与教育对象"双主体说""主体间性说"等的争议，主导性与主体性相统一也具备了从应然转向实然的可能性。

进入新时代，在广义思想政治教育活动中，党中央强调坚持党的领导地位，掌握意识形态工作领导权，在意识形态领域压实主体责任，又在治国理政实践中坚持人民主体地位；在思想政治理论课中，党中央强调坚持教师主导性与学生主体性相统一，这一系列治国理政的理论与实践实现了新时代主导性与主体性的实然统一，这也成为新时代思想政治教育主导性本质属性的表现之一。

有学者根据思想政治教育主导性的作用对象将思想政治教育主导性功能分为社会主导作用和个体主导作用，其中社会主导作用"主要表现在导向、保证、促进、制约等方面的作用"[1]，个体主导作用"主要表现为指导、引导、激励、调控等方面的作用"[2]。以思想政治教育主导性功能的社会主导和个体主导两个角度为研究视角，结合新时代党中央关于思想政治教育的系列论述，主导性与主体性的统一贯穿于广义与狭义的思想政治教育活动中。

首先，在广义的思想政治教育活动中，中国共产党是教育者，人民

---

① 石书臣：《现代思想政治教育主导性》，上海：学林出版社2004年版，第16页。

② 石书臣：《现代思想政治教育主导性》，上海：学林出版社2004年版，第16页。

是教育对象。"加强和改进思想政治工作，深化群众性精神文明创建活动"①，在十九大报告中将加强思想政治工作，提高人民思想觉悟和道德素质作为民族有希望和国家有力量的基础。党的二十大报告则强调"用社会主义核心价值观铸魂育人，完善思想政治工作体系"②，开展伟大斗争需要共产党"团结带领人民有效应对重大挑战、抵御重大风险"③。所以，从广义的思想政治教育活动角度看，新时代思想政治教育主导性发挥的过程就是共产党作为教育主体发挥主动主导，对人民群众进行思想动员以实现中华民族伟大复兴目标的过程，主导性的特征也就应该表现为共产党的主导性与人民主体性相统一，即回应了新时代思想政治教育"是谁的思想政治教育"与"为了谁的思想政治教育"的问题。党的主导性即坚持党对思想政治教育的领导，既标明新时代思想政治教育主导性的主体主导又指明思想政治教育主导性的方向。习近平指出"坚持党性原则是共产党人的根本政治品格，是政治工作的根本要求"④，十八大以来思想政治工作领域中最鲜明的特色是在意识形态领域压实主体责任，敢于亮剑，敢抓敢管，这也是中国共产党主动主导作用的体现。

在广义的思想政治教育活动中，人民的主体性是重视群众，强调群众至上，注重激发人民群众的主体意识。十九大报告对社会主要矛盾变化所作出的判断正是体现党和国家对人民主体性的尊重。"坚持人民主体地位……始终是我们党立于不败之地的强大根基"⑤，表明人民主体

---

① 习近平：《决胜全面建成小康社会　夺取新时代中国特色社会主义伟大胜利——在中国共产党第十九次全国代表大会上的报告》，北京：人民出版社2017年版，第43页。

② 习近平：《高举中国特色社会主义伟大旗帜　为全面建设社会主义现代化国家而团结奋斗——在中国共产党第二十次全国代表大会上的报告》，北京：人民出版社2022年版，第44页。

③ 习近平：《决胜全面建成小康社会　夺取新时代中国特色社会主义伟大胜利——在中国共产党第十九次全国代表大会上的报告》，北京：人民出版社2017年版，第15页。

④ 习近平：《习近平谈治国理政》（第2卷），北京：外文出版社2017年版，第403页。

⑤ 习近平：《习近平谈治国理政》（第1卷），北京：外文出版社2018年版，第27页。

地位是巩固党执政地位的重要基础，二十大报告强调"坚持党的领导、人民当家作主、依法治国有机统一"①，充分凸显党的主导性与人民的主体性是统一的。尤其在新时代的历史方位中，基于基本国情的"不变"与社会主要矛盾之"变"的逻辑，坚持党的领导，注重人民群众的美好生活需要，能够防止社会矛盾激化，为实现第二个百年奋斗目标统一思想基础。

其次，从狭义的思想政治教育活动看，教育者的主导性与教育对象的主体性统一是思想政治教育主导性发挥的关键，也是本质所在。习近平指出"坚持主导性和主体性相统一"②，既发挥教师的主导作用，也要发挥学生主体作用。教师是思想政治教育活动中的主体主导，其主导权力既来自共产党的赋权，也需要来自教育对象的赋能。教育对象在思想政治教育活动中是价值主体，教师主导的思想政治教育内容是否符合教育对象的需求决定了主导内容能否被教育对象接受，教育者的主导作用能否发挥。一方面，教育者的主导性是思想政治教育主导性功能发挥的前提。如果教育者不主动适应教育过程中的新变化新特点，则会失去教育对象对教育者的信任和信服；如果教育者不主动承担发动思想政治教育活动的职责，则错误的思想就会占领阵地，教育者就会失去教育的话语权发声权，无法发挥思想政治教育主导性对个体的引导和激励。习近平曾对教师提出"四个引路人"③的要求，这也适用于思想政治教育活动中对教育者的要求，"四个引路人"作用的发挥就是教育者主动

① 习近平：《高举中国特色社会主义伟大旗帜　为全面建设社会主义现代化国家而团结奋斗——在中国共产党第二十次全国代表大会上的报告》，北京：人民出版社2022年版，第37页。
② 《用新时代中国特色社会主义思想铸魂育人　贯彻党的教育方针落实立德树人根本任务》，《人民日报》2019年3月19日。
③ "四个引路人"：做学生锤炼品格的引路人，做学生学习知识的引路人，做学生创新思维的引路人，做学生奉献祖国的引路人。

077

主导作用的凸显。另一方面，教育对象的主体性是思想政治教育主导性功能发挥的归宿。思想政治教育主导作用的发挥，最终或通过某一领域群体思想和行动的改变或通过某一个体态度和行为的转变来表现，因为思想政治教育是一种有目的、有计划、有意识改变群体或个体思想和行为的教育过程，是教育对象内化和外化的综合过程。以教育对象作为思想政治教育的主体，是思想政治教育以人为本价值取向的体现，即重视教育对象在思想政治教育过程中的获得感。如果思想政治教育只强调教育者的主导地位，而忽略教育对象作为有生命有思想个体的主体性，则思想政治教育的主导作用无法发挥。总之，教育者的主导作用要能够充分发挥必须在教育过程中以教育对象为主体，主动探索教育对象思想形成和发展规律，根据教育对象的特点设计教育活动，才能赢得教育对象的认可和接受。反过来，教育对象如果通过教育活动，实现思想转变和行为转化，从"要我学"转变为"我要学"，则是教育对象主体性的突显，也是教育者主导性发挥的重要标志，并且会作为一种教育效果的正向反馈促使教育者更好地推动教育过程。

进入新时代，党中央专门围绕学校的思想政治工作召开相关的会议，如2016年全国高校思想政治工作会议，2019年学校思想政治理论课教师座谈会等，也出台了相关加强学校思想政治工作的文件，如2017年印发《关于加强和改进新形势下高校思想政治工作的意见》、2017年教育部重新修订《普通高等学校辅导员队伍建设规定》、2020年由教育部等八部委发布《关于加快构建高校思想政治工作体系的意见》，这些会议和文件都针对如何突出思想政治工作者主导作用提出了相关的要求和相应的机制，也再次明确要围绕学生、关心学生以及服务学生等突出教育对象主体地位的要求。新时代党中央的这一系列举措和要求体现狭义思想政治教育活动中教育者主导性与教育对象主体性的实然统一。

二、党性与人民性的实践统一

习近平强调"党性和人民性从来都是一致的、统一的"①，坚持党性与人民性的统一是马克思主义政党必须坚持贯彻的重要特性，也是社会主义意识形态的本质特征。从主导性意识形态本质的角度看，坚持党性与人民性的统一是思想政治教育主导性的本质属性之一。

进入新时代，党中央高度重视意识形态工作。2013年习近平在全国宣传思想工作会议上明确意识形态工作"两个巩固"的根本任务，强调意识形态"三个事关"的地位以及突出"围绕中心、服务大局"的作用，"体现了对思想政治教育主导性科学内涵的精神把握"②；同时，党中央也坚持人民为中心的工作导向，增强人民主体地位，把人民是否满意作为衡量工作得失的根本标准，"人民"立场是新时代共产党开展政党建设的价值取向，这体现了新时代党中央治国理政的重要价值立场是坚持党性和人民性的统一，也指明了新时代坚持党性和人民性的实践路径。因此，新时代思想政治教育主导性的本质属性之一是坚持党性与人民性的实践统一。

第一，明确论证"党性""人民性"内涵作为党性与人民性实践统一的原点。坚持党性和人民性的统一是马克思主义理论的基本观点，党性和人民性的统一也贯穿于马克思主义中国化理论成果中。进入新时代，习近平再次重申党性和人民性两者的统一性，并且明确论证何为"党性""人民性"，是新时代党中央在实践中推进党性和人民性统一的重要原点。党性是政党的根本属性，有学者认为党性"是阶级性最高和最集中的表现"③，或认为党性"是政党根本性质最集中的体

---

① 习近平：《习近平谈治国理政》（第1卷），北京：外文出版社2018年版，第154页。

② 索春艳、张耀灿：《习近平思想政治教育主导性研究》，《学校党建与思想教育》2017年第3期，第8页。

③ 陈曙光、刘小莉：《坚持党性和人民性的统一》，《前沿》2019年第5期，第38页。

现"①。习近平指出"坚持党性，核心就是坚持正确政治方向……坚决同党中央保持高度一致，坚决维护中央权威"②。恩格斯曾指出"在大国里报纸都反映自己党派的观点，它永远也不会违反自己党派的利益"③。习近平认为"坚持党性，核心就是坚持正确政治方向，站稳政治立场，坚定宣传党的理论和路线方针政策，坚定宣传中央重大工作部署，坚定宣传中央关于形势的重大分析判断，坚决同党中央保持高度一致，坚决维护中央权威"④。习近平从宣传思想工作的开展论证党性，强调党性的核心是要坚持正确的政治方向，这也是强化新时代思想政治教育主导性的重要原则。"坚持人民性，就是要把实现好、维护好、发展好最广大人民根本利益作为出发点和落脚点，坚持以民为本、以人为本"⑤，强调在宣传思想工作中要不断反映人民群众积极向上的正能量，满足人民群众的精神需求。明确"党性""人民性"的内涵，在思想政治教育主导性中实现党的正确主张融合成为人民群众的自觉行动。

第二，具体论述"坚持党对一切工作的领导""坚持以人民为中心"的治国理政基本方略作为党性与人民性实践统一的指导。十九大报告首次系统概括"新时代坚持和发展中国特色社会主义的基本方略"，并把"坚持党对一切工作的领导"以及"坚持以人民为中心"作为十四

---

① 陈雄、吕立志：《中国共产党党性与人民性统一的内在逻辑》，《党建》2019年第12期，第24页。

② 习近平：《习近平谈治国理政》（第1卷），北京：外文出版社2018年版，第154页。

③ 《马克思恩格斯全集》（第6卷），北京：人民出版社1961年版，第209页。

④ 习近平：《习近平谈治国理政》（第1卷），北京：外文出版社2018年版，第154页。

⑤ 习近平：《习近平谈治国理政》（第1卷），北京：外文出版社2018年版，第154页。

条基本方略中的前两条，"基本方略"以党的基本理论和基本路线为基础，"处于理论的最外层，是与实践接壤的部分"①，是新时代思想政治教育主导性坚持党性与人民性实践统一的行动指南。"基本方略"一词在十九大以前的中央文献中主要特指"依法治国的基本方略"，在十九大报告中则是将党在十八大以来治国理政的实践与共产党历来的基本理论、基本路线、基本纲领、基本经验以及基本要求相结合，系统概述习近平新时代中国特色社会主义思想的实践要求。基本方略也突出了鲜明的政治性和人民性，是新时代党性和人民性在实践中统一的重要指导。一方面，十四条基本方略以"坚持党对一切工作的领导"作为第一条方略，以"坚持全面从严治党"作为十四条基本方略的结尾，体现了鲜明的政治性。共产党的最终目标是要实现共产主义。而目前世界上仍然存在社会主义和资本主义两种截然不同的意识形态，资本主义也没有放弃对社会主义国家的意识形态渗透，习近平曾指出目前意识形态领域面临"尖锐复杂的斗争特别是'颜色革命'的现实危险"，如果共产党在意识形态上不坚持正确的方向，那么就会使人民受西方民主宪政的影响，而最终使党丧失代表人民群众利益的地位和能力。在新时代以前，坚持党的领导就是中国共产党的理念之一，但是进入新时代以后，党中央通过制度机制不断改善党的领导并使全面从严治党落到实处，坚持党的全面领导在新时代党中央的治国理政实践中被不断强化。另一方面，"坚持以人民为中心"贯穿于十四条治国理政基本方略的始终，体现了基本方略的人民性。"人民"立场一直是中国共产党所坚守的政治立场，党的宗旨就是"全心全意为人民服务"。而进入新时代，"人民"更是成为中国共产党治国理政的中心。习近平曾指出"人民是党执政的

---

① 杜玉华：《论新时代党的基本理论、基本路线、基本方略的内在统一》，《探索》2019年第1期，第10页。

最大底气，也是党执政最深厚的根基"①。党性来自人民性，寓于人民性之中，实际上是共产党的发展依靠谁、为了谁的问题。根据马克思主义历史发展动力论的观点看，人民是推动历史发展的创造者。纵观新中国成立七十多年的历史，正是动员广大人民群众积极投身革命、建设、改革的社会主义发展实践中，才使共产党获得坚实的执政基础。同时，进入新时代，中国共产党也坚持人民作为共建共享的主体，坚持社会主义发展成果由广大人民共享，极大调动广大人民群众的积极性和创造性，从而为中国共产党的党性发展注入更大的活力。因此，党性与人民性的实践统一也体现在新时代党中央治国理政的基本方略中。

第三，持续推进"初心""使命"主题教育作为党性与人民性实践统一的举措。坚持党性与人民性的统一是中国共产党历来的主张，进入新时代，党中央既从"党性""人民性"概念论证的维度厘定两者在实践中统一的原点，又从基本方略的高度推进两者的实践统一，并通过"初心""使命"的主题教育促使全党始终在思想和行动上坚持党性和人民性的统一。2019年习近平在"不忘初心、牢记使命"主题教育工作会议上的讲话强调"为中国人民谋幸福，为中华民族谋复兴，是中国共产党人的初心和使命"②，在2020年主题教育总结大会上再一次指出"党的初心和使命是党的性质宗旨、理想信念、奋斗目标的集中体现"③，突出党性和人民性的高度统一。人民幸福是共产党的初心，人民作为中心是党的工作导向，人民对美好生活的向往是党的奋斗目标，人民是否

① 习近平：《习近平谈治国理政》（第3卷），北京：外文出版社2020年版，第137页。
② 习近平：《在"不忘初心、牢记使命"主题教育工作会议上的讲话》，北京：人民出版社2019年版，第1—2页。
③ 习近平：《在"不忘初心、牢记使命"主题教育总结大会上的讲话》，北京：人民出版社2020年版，第11页。

满意是衡量党的工作得失的标准。可见，进入新时代，党中央继承发展"全心全意为人民服务"的宗旨，围绕"人民"立场提出了系列表述，"人民"始终贯穿于新时代中国共产党治国理政的始终。因此，进入新时代党中央推进"不忘初心、牢记使命"的主题教育，是新时代党性和人民性在实践中统一的重要举措。通过主题教育，使全体党员与一切弱化党性的思想和行为作斗争，发扬密切联系群众的政治优势。

思想政治教育主导性的本质是社会主义意识形态性，新时代党中央治国理政理论体系鲜明指出社会主义意识形态性的党性和人民性既有相统一的基础和现实性，也有相统一的必然性，而二者在实践中更好地融合统一也就成为新时代思想政治教育主导性本质属性之一。

三、统一性与多样性的动态统一

统一性与多样性的辩证统一是事物发展变化的规律之一。统一性是指事物的发展所具有的内在标准或一致性要求，而多样性则是事物发展过程中的个体多元特点。有学者指出传统思想政治教育主导性与现代思想政治教育主导性形态的区别在于后者强调主导性与多样性的辩证统一[①]，即坚持意识形态性与非意识形态性相结合，包容多样价值取向基础上的一元价值导向。因此，统一性与多样性相统一是改革开放后至十八大以前党的思想政治教育主导性的本质特征。

进入新时代，党和国家面临开展思想政治教育的新环境：世界迎来了百年未有之大变局，中国也日益走向国际舞台的中央，对外开放的程度越来越大，多元文化的交锋、多元价值观的渗透程度加剧；国内社会主要矛盾的转变及全面深化改革的持续推进，人民需求的满足及利益

---

① 石书臣：《现代思想政治教育主导性研究》，上海：学林出版社2004年版，第176页。

诉求的协调和平衡更是一个突出的现实问题。在这样的背景下，意识形态领域一元与多元的交融交锋处于动态发展中，价值观教育中统一性与多样性的辩证关系也处于动态统一状态中。从思想政治教育主导性的角度看，统一性是指为中华民族伟大复兴的实现统一思想基础，多样性是思想的差异性和层次性。新时代统一性与多样性的动态统一就是要实现"坚持巩固壮大主流思想舆论，弘扬主旋律，传播正能量，激发全社会团结奋进的强大力量"①的目标。

一方面，思想领域一元主导与多元并存关系不断打破统一性与多样性相统一的平衡状态，使两者处于动态统一的状态中。进入新时代，党和国家既面临世界处于百年未有之大变局，也需要面对全面深化改革推进过程中固有体制机制触动所带来的变化，更需要面对快速发展的社会中人民多元化的需求。习近平指出我国目前意识形态情况复杂，"各种思想文化相互激荡，不同文明交流交融交锋更加频繁"②，这是新时代思想政治教育面临的时代背景。随着改革开放所带来的经济社会发展以及新时代中国日益走向国际舞台中央的全球化影响，中国思想领域的多元取向越来越活跃，这对于思想政治教育所提倡的一元主导既是有益的补充也是一种不可避免的冲击，并且这种多元与一元并存的局面是无法回避的：经济体制变革所带来的社会阶层结构的变化，进而产生的多元化的利益结构；人们对生活的需求已经由原来单一的物质层面演变为覆盖经济政治文化社会生活的多方面的美好生活需求，进而形成多元的价值取向；经济全球化的深入发展所带来的不同文化和价值观念的交锋，进而带来多元社会思潮的渗透影响。可见，一元价值导向是稳定的，多

---

① 《习近平关于社会主义文化建设论述摘编》，北京：中央文献出版社2017年版，第27页。

② 《习近平关于社会主义文化建设论述摘编》，北京：中央文献出版社2017年版，第107页。

元取向却处于复杂多变的状态中，而中国共产党诞生和成长的历史以及社会主义建设发展的实践证明，必须坚持马克思主义的一元指导思想才能够保证中华民族伟大复兴梦想的实现。因此，在新时代背景下，统一性与多样性的统一处于动态平衡中，这种统一也更具现实迫切性。

另一方面，新时代党中央推进社会主义核心价值观教育实现思想领域统一性与多样性的动态统一。从多元价值取向与一元价值导向的关系看，坚持社会主义核心价值体系的一元导向是新时代思想政治教育主导性的内涵之一，党的十九届五中全会指出"坚持以社会主义核心价值观引领文化建设……促进满足人民文化需求和增强人民精神力量相统一"①。社会主义核心价值体系是基于思想文化领域的多样性提出的，党的十八大从国家社会个人三个层面概括社会主义核心价值观，更加突出价值体系的核心要素，也更加强化其实践导向，尤其是对个人层面价值观的倡导，体现了社会民众在具体领域对微观价值的追求，关注到社会主义核心价值观在具体微观领域中所呈现的多样化状态。列宁认为多样性不但不会破坏在主要的、根本的、本质的问题上的统一，反而会保证这种统一。②社会主义核心价值观教育，既发挥国家在文化领域强有力的领导权、主动权和话语权，同时也借鉴吸收多元文化中的有益成分，使社会主义核心价值观具有不断创新的生命力，从而增强感召力和感染力，获得人们的认同。新时代，党中央通过推进社会主义核心价值观教育，促进社会主义核心价值观的落细、落小、落实，最大程度实现思想领域统一性与多样性的动态统一。因此，从社会主义核心价值观教育的角度看，新时代思想政治教育主导性的本质属性还表现在统一性与多样性的动态统一。

---

① 《中共中央关于制定国民经济和社会发展第十四个五年规划和二O三五年远景目标的建议》，《人民日报》2020年11月4日。

② 《列宁全集》（第33卷），北京：人民出版社1985年版，第209页。

第二节　新时代思想政治教育主导性的表现形式

新时代党中央坚持和加强党的全面领导，围绕思想政治工作提出系列相关论述。因此，必须以主导性内涵为基础，以习近平谈治国理政系列理论为视角，围绕新时代思想政治教育主导性的三重本质特征，分析新时代思想政治教育主导性的表现形式。

一、主体的主导性——坚持和加强党的全面领导

教育者主导作用的发挥是思想政治教育主导性的内涵之一。在思想政治教育中，教育者是教育活动的主体之一，是教育活动的"承担者、发动者、组织者和实施者"①，所以，主体的实施主导性是新时代思想政治教育主导性的要素之一。中国共产党是思想政治教育的核心主体，教育者是直接主体，二者均是思想政治教育主导性中的主导主体。党的十八大以来党和国家旗帜鲜明提出坚持和加强党的全面领导，突显了党作为最高领导政治力量的核心决定地位，通过各种制度维护党中央权威和集中统一领导，确保党的核心主导作用的发挥。新时代党中央对教育者的职业素养和角色要求有相关的一系列论述，尤其提到要发挥思想政

---

① 教育部思想政治工作司编：《思想政治教育原理与方法》，北京：高等教育出版社2010年版，第79页。

治理论课教师的主导性，明确突出对思想政治教育者的主导性要求。因此主体的实施主导性集中表现为核心主体与直接主体的主导性，在新时代，这两者的实施主导性统一于坚持和加强党的全面领导。

（一）突出中国共产党的核心决定地位，发挥党的方向引领作用

第一，坚持和加强党的全面领导，突显党在新时代思想政治教育中的主导核心地位。党在思想政治教育中的主导核心地位体现在自十八大以来党中央关于"加强党的领导"的系列论述。

首先，党的十八大以来，"加强党的领导"的论述不断升华加强，突出党的实施主导性。党的十八大报告强调"中国共产党是中国特色社会主义事业的领导核心"[①]；自十八大以后，党中央把党的领导贯穿到治国理政的全部活动中，从更加注重从改进党的领导方式和执政方式的角度谈坚持党的领导，如"善于使党的主张通过法定程序成为国家意志"[②]；2015年，习近平用"众星捧月"，"在国家治理体系的大棋局中，党中央是坐镇中军帐的'帅'"[③]来比喻党总揽全局协调各方的领导核心作用；十九大报告强调"坚持党对一切工作的领导……党是领导一切的"[④]，"一切"是对党的领导范围和领域的界定，与"全面"相呼应。突出对党在中国特色社会主义事业中坚强领导核心地位的坚持。

其次，提出"三个最"，突出党的核心决定地位。党的十九大报告

---

① 《十八大以来重要文献选编（上）》，北京：中央文献出版社2014年版，第12页。

② 《十八大以来重要文献选编（上）》，北京：中央文献出版社2014年版，第91页。

③ 《习近平关于全面建成小康社会论述摘编》，北京：中央文献出版社2016年版，第96页。

④ 习近平：《决胜全面建成小康社会 夺取新时代中国特色社会主义伟大胜利——在中国共产党第十九次全国代表大会上的报告》，北京：人民出版社2017年版，第20页。

通过"最本质的特征""最大优势""最高政治领导力量"①突出党的领导地位，突显新时代党中央对共产党执政规律、社会主义发展规律、人类社会发展规律认识的深化。党的政治建设是党的根本性建设，思想政治教育是党的传统优势，新时代突出党是最高政治领导力量，在思想政治教育中就是突出正确的政治方向，正如习近平所指出的"政治方向是党生存发展第一位的问题，事关党的前途命运和事业兴衰成败"②。党的核心决定地位确保党对新时代思想政治教育主导方向的把控。

再次，提出维护党中央权威和集中统一领导，明确党中央是全面领导的核心主体。关于坚持党对一切工作的领导，十九大报告明确指出"自觉维护党中央权威和集中统一领导"③，二十大报告再次强调"坚决维护党中央权威和集中统一领导，把党的领导落实到党和国家事业各领域各方面各环节"④；习近平也从反面论证过，"如果党中央没有权威，党的理论和路线方针政策可以随意不执行……党就会变成一盘散沙"⑤，从正面要求和反面论证指明坚持党的全面领导必须以党中央作为核心主体。在思想政治教育中，核心主体的确立正是主体实施主导性的关键因素，确立核心主体才能统一思想意志和行动。

第二，十八大以来，通过相关制度和体制强化党的领导地位，保障主体的实施主导性。如坚持和健全民主集中制、请示报告制度等，十九

---

① 习近平：《决胜全面建成小康社会　夺取新时代中国特色社会主义伟大胜利——在中国共产党第十九次全国代表大会上的报告》，北京：人民出版社2017年版，第20页。

② 习近平：《习近平谈治国理政》（第3卷），北京：外文出版社2020年版，第93页。

③ 习近平：《决胜全面建成小康社会　夺取新时代中国特色社会主义伟大胜利——在中国共产党第十九次全国代表大会上的报告》，北京：人民出版社2017年版，第20页。

④ 习近平：《高举中国特色社会主义伟大旗帜　为全面建设社会主义现代化国家而团结奋斗——在中国共产党第二十次全国代表大会上的报告》，北京：人民出版社2022年版，第26页。

⑤ 习近平：《习近平谈治国理政》（第2卷），北京：外文出版社2017年版，第21页。

大通过的党章修正案强调要"坚定维护以习近平同志为核心的党中央权威和集中统一领导"①，中央先后出台加强和维护党中央权威和集中统一领导的规定、请示报告条例等确保党始终总揽全局、协调各方，通过各级党组织落实全面从严治党主体责任，坚持和加强党的全面领导。十九届四中全会总结了我国国家制度和国家治理体系的多方面显著优势，其中"坚持党的集中统一领导"处于首位。党的十九届六中全会归纳党领导人民进行伟大奋斗的"十个坚持"宝贵经验，而"坚持党的领导"作为第一个，十九届六中全会通过的决议强调"党的领导是党和国家的根本所在、命脉所在"②，强调无论是党和国家的前途命运，归根到底取决于中国共产党的领导。2018年国家把"中国共产党领导是中国特色社会主义最本质的特征"③写入宪法，用法律的形式再一次体现党中央对共产党作为主导主体的强化。

（二）突出教育者的主导地位，发挥教育者的主动主导

思想政治教育者是思想政治教育活动中的直接主体。作为直接主体，思想政治教育者必须体现思想政治教育活动中正确的方向性、人民性、党性及主体能动性。有学者指出思想政治教育者的主导性体现为"双向互动的引导性、以人为本的促进性、德才兼备的示范性"④，其中双向互动的引导性即能动性，以人为本的促进性体现人民性，德才兼

---

① 《中国共产党第十九次全国代表大会关于〈中国共产党章程（修正案）〉的决议》，《人民日报》2017年10月25日。

② 《中共中央关于党的百年奋斗重大成就和历史经验的决议》，北京：人民出版社2021年版，第27页。

③ 《中国共产党第十九届中央委员会第二次全体会议公报》，北京：人民出版社2018年版，第9页。

④ 石书臣：《现代思想政治教育主导性》，上海：学林出版社2004年版，第257—261页。

备的示范性彰显方向性和党性。也有学者指出在思想政治教育过程中，教育者的职能体现为教育职能和管理职能，教育职能是教育者"传道授业解惑"，侧重思想的教育，而管理职能是对教育对象行为的管理，从对教育者教育职能和管理职能的规定可以看出党和国家对思想政治教育者角色能动性的要求。

党的十八大以来，党中央对教育者的职业素养和角色要求有相关的一系列论述，尤其提到要发挥思想政治理论课教师的主导性，明确突出对思想政治教育者的主导性要求。坚持教师主导性与学生主体性相统一是党中央提出的"八个相统一"中的范畴之一。"办好思想政治理论课关键在教师""思想政治教育课教学离不开教师的主导作用"[①]等论述为新时代发挥思想政治理论课教师主导性提供了重要的遵循。发挥思想政治理论课教师主导性是新时代思想政治教育主导性的重要组成部分，也为思想政治教育直接主体主导性的发挥提供启示。

第一，思想政治理论课教师主导性指教师是思想政治教育活动过程的组织者和实施者，在教育活动过程中处于主导主体地位，发挥主动主导作用。"教师居于主导地位，发挥主导作用，主导性是一种实施主导性"[②]。实施主导性与关系主导性相对，思想政治理论课教师主导性是实施主导性而非关系主导性，也就是说教师的主导性并不是基于师生关系产生的，而是基于思想政治教育活动产生的，思想政治教育活动是理论灌输的活动，先进的理论不会自发地进入学生的头脑中，需要教师在具体教育教学活动中主动进行理论的灌输和教育。

第二，加强思想政治理论课教师队伍建设，确保教师主导性的发

---

① 《用新时代中国特色社会主义思想铸魂育人　贯彻党的教育方针落实立德树人根本任务》，《人民日报》2019年3月19日。

② 冯刚主编：《理直气壮开好思政课——把握新时代思政课建设规律》，北京：人民出版社2019年版，第134页。

挥，是新时代坚持思想政治教育主导性的关键。习近平从政治、情怀、思维、视野、自律以及人格六个方面对思想政治理论课教师提出了"六要"，强调"让有信仰的人讲信仰"①，教师必须坚定理想信念，能够自觉主动用马克思主义立场分析解决问题，通过自身的言传身教感染学生，发挥主导作用。教师必须有高度的身份自觉，明确自身的主导责任才能发挥主导作用；要求教师要"努力成为先进思想文化的传播者、党执政的坚定支持者"②坚持教育引导学生。习近平对教师的身份和使命提出的重要论述明确教育者主导作用发挥的要求，也是对教育者在思想政治教育过程中主导地位的突出。

因此，十八大以来，党中央既突出核心主体的领导地位又强调直接主体在思想政治教育活动中的主动主导作用，两者统一于坚持和加强党的全面领导。

二、目标的引领性——围绕中心，服务大局

思想政治教育目标为思想政治教育其他要素的运行提供基本依据。思想政治教育目标的引领性也是主导性的构成要素之一。从主导性的角度看，思想政治教育目标的引领性主要指思想政治教育目标能够促进主导性实现的积极属性，这种积极属性既表现为决定性也表现为导向性，也有学者把它概括为"同步时代的方向性、立足现实的超前性和显现价值的激励性"③。基于新时代共产党治国理政的具体实践，思想政治教育目标的引领性集中表现为：围绕中心，服务大局。习近平指出"宣传

---

① 《用新时代中国特色社会主义思想铸魂育人 贯彻党的教育方针落实立德树人根本任务》，《人民日报》2019年3月19日。

② 《把思想政治工作贯穿教育教学全过程 开创我国高等教育事业发展新局面》，《人民日报》2016年12月9日。

③ 石书臣：《现代思想政治教育主导性》，上海：学林出版社2004年版，第234—237页。

思想工作一定要把围绕中心、服务大局作为基本职责"①，即思想政治工作要以围绕经济建设为中心，把服务中国特色社会主义发展的大局作为目标。

将围绕中心作为目标，体现思想政治教育主导性中决定性要求。"中心"本身就指一个事物的核心，即具备决定作用。围绕中心是在思想政治教育中围绕经济建设的中心任务，在思想上动员组织群众为实现经济建设目标凝聚共识。

将服务大局作为目标，是思想政治教育主导性中导向性的要求。"大局"从横向共时性的角度看，它指事物的整体，即总体形势和要求；从纵向历时性的角度看，它指事物的未来发展趋向。无论是共时性还是历时性都表现出对事物发展方向的引领。方向引领首先是坐标定位，将服务大局作为思想政治教育的主导目标，确定大局即是确定思想政治教育发展的坐标定位，在思想政治教育中树立大局意识，才能找到思想政治工作发力点。2015年习近平在中央党的群团工作会议中指出"要着眼党和国家工作大局，在大局下思考，在大局下行动"②；其次是实现先进引领后进，服务大局要求组织动员群众不断提高思想道德水平，自觉服从大局、坚决维护大局。

习近平将"大局"划分为国内大局和国际大局。思想政治教育是党和国家对人民群众进行的思想政治教育，从这一角度看，目标引领主要是服务国内大局，即突出中国梦作为思想政治教育目标的引领性以及对新时代思想政治教育主导性的促进作用。中国梦的核心内容是实现中华民族伟大复兴，中国梦的目标指向清晰突显是新时代思想政治教育主导性的构成要素之一。习近平指出："中国梦是国家的梦、民族的梦，也

① 《胸怀大局把握大势着眼大事　努力把宣传思想工作做得更好》，《人民日报》2013年8月21日。

② 习近平：《习近平谈治国理政》（第2卷），北京：外文出版社2017年版，第309页。

是包括广大青年在内的每个中国人的梦。"①

首先，中国梦阐述了中国共产党的奋斗目标，表达了中国人民在思想和行动上的奋斗目标，具备明确的目标导向性。一方面，这一奋斗目标是可期的，是理想与现实的统一。这种可期性表现在：从国家、民族、人民三个维度明确中国梦的内涵，明晰圆梦路径，将宏大的梦想与个体理想相结合，"大家都在谈论中国梦……自己为实现中国梦应尽的责任"②；通过中国梦的具体内涵、中国梦的圆梦路径、中国梦与个人梦的连接，表现出中国梦作为一种目标的可实现性，发挥中国梦作为目标对行动的明确指引性。另一方面，这一奋斗目标还是与时俱进的。从2012年至2017年，中国梦的奋斗目标主要是"两个一百年"的奋斗目标，其一是在新中国成立100年时建成富强民主文明和谐的社会主义现代化国家，但在十九大报告里中国梦的奋斗目标表述在"富强民主文明和谐"后面加上"美丽"的修饰词，并用"强国"代替"国家"一词，这充分体现中国共产党奋斗目标的与时俱进，也彰显中国梦的目标导向性，中国梦的表述有利于激发人民群众对美好生活追求的动力，也清晰地概括了人民群众的奋斗目标。

其次，中国梦能够激扬青春梦，必须通过思想政治教育的社会责任和历史使命教育，使青春梦的实现为中国梦的圆梦助力，突显中国梦在思想政治教育主导性中的行动引领。2013年习近平在同各界优秀青年代表座谈时指出"中国梦是全国各族人民的共同理想，也是青年一代应该牢固树立的远大理想"③，党的十九大报告也明确指出"广大青年要

---

① 《勇做走在时代前面的奋进者开拓者奉献者》，《人民日报》2013年5月5日。
② 《在同各界优秀青年代表座谈时的讲话》，《人民日报》2013年5月5日。
③ 《在同各界优秀青年代表座谈时的讲话》，《人民日报》2013年5月5日。

坚定理想信念……在实现中国梦的生动实践中放飞青春梦想"[1]，"理想"具有激励的功能，将中国梦作为青年应当树立的理想，这是突出中国梦对广大青年的激励。理想的确立本身是基于现实而超越现实，理想不是梦想也不是幻想，当代青年处于比以往都接近中国梦实现的时代，将中国梦作为引领，使青年明确肩负的时代使命和社会责任，把个人的青春梦融入国家和民族的梦想中，体现中国梦的现实性和激励性。同时，习近平在多个场合的讲话中强调"空谈误国，实干兴邦"，突出"实干才能梦想成真"，将实干作为实现中国梦最直接的方式。通过中国梦激扬青春梦，引导广大青年从现在做起，从自己做起，脚踏实地做好工作，这是突出中国梦对青年的行动引领。

三、方向的引导性——坚持中国特色社会主义发展方向

有学者认为是"坚持引导、选择的主要方向、方面和重点的特性"[2]是思想政治教育主导性的本质。新时代思想政治教育的方向引导性也是其表现形式。

方向引导性在思想政治教育主导性中指思想政治教育所坚持的政治方向。政治方向是政党阶级性的体现，也是政党的重要标志。在思想政治教育主导性的构成中，政治方向是对教育发展方向的引导。新时代思想政治教育要坚守何种政治方向，习近平认为"我们的方向就是中国特色社会主义道路"[3]。党的十八大以来，党领导人民出台一系列方针政策，办成了大事、解决了难题，根本原因在于坚持中国特色社会主义的

---

① 习近平：《决胜全面建成小康社会　夺取新时代中国特色社会主义伟大胜利——在中国共产党第十九次全国代表大会上的报告》，北京：人民出版社2017年版，第70页。

② 石书臣：《现代思想政治教育主导性》，上海：学林出版社2004年版，第17页。

③ 习近平：《习近平谈治国理政》（第2卷），北京：外文出版社2017年版，第289页。

正确方向。党中央也在多种场合强调要坚持中国特色社会主义道路。因此，在思想政治教育中，政治方向是坚持和发展中国特色社会主义。

政治方向为何具有引导性，这主要表现在政治方向的决定性，政治方向决定党和国家的生存和发展，具有旗帜作用。首先，十九大报告明确了中国特色社会主义发展的几十年具体实践使中国经济社会发展发生了巨大变化，人民群众对社会主义的认同度极大增强，但是基于社会主义主要矛盾变化及我国社会主义所处历史阶段的判断没有变的国情，随着全面深化改革向纵深的推进，面临的矛盾和问题也越来越多，如果不旗帜鲜明坚持中国特色社会主义的方向，就会使改革陷入封闭僵化的老路甚至改旗易帜的邪路，突显正确政治方向的决定性。其次，从世情看，在中国经济腾飞的同时西方对社会主义的敌视情绪不断加强，"社会主义过时论""中国威胁论"等声音在国际上不绝于耳，如果不对这些言论进行批驳，必然会影响中国的发展，所以坚持中国特色社会主义方向具有重要的决定作用。再次，从党情看，十九大报告指出，自党的十八大以来党勇于面对重大风险考验和党内存在问题，党内政治生态明显好转，但是仍面临"四种考验"和"四种危险"，必须坚持共产主义的远大理想，这也是"中国共产党人的精神支柱和政治灵魂"①，表明正确政治方向的核心引导作用。

新时代思想政治教育对正确政治方向的坚持，主要表现在：

第一，始终坚持马克思主义的指导。针对宣传思想工作，习近平提出"两个巩固"的任务，即巩固马克思主义的指导和共同思想基础。②新时代以来，党中央通过建立健全意识形态工作责任制，加强宣传舆论

---

① 习近平：《决胜全面建成小康社会 夺取新时代中国特色社会主义伟大胜利——在中国共产党第十九次全国代表大会上的报告》，北京：人民出版社2017年版，第63页。

② 《胸怀大局把握大势着眼大事 努力把宣传思想工作做得更好》，《人民日报》2013年8月21日。

阵地建设管理，意识形态工作得到极大的改善。但同时随着全球化和信息化发展，意识形态领域多元思想文化并存，主流意识形态与多样的社会思潮相互激荡。因此，在中国特色社会主义进入新时代之际，从中国特色社会主义事业发展全局出发，党和国家再次强调马克思主义具有明确的方向指引作用，"背离或放弃马克思主义，我们党就会失去灵魂，迷失方向"[①]。意识形态工作的核心是思想政治工作。坚持马克思主义的一元主导，即是在思想政治教育中突出其一元导向性。"抓好马克思主义理论教育，为学生一生成长奠定科学的思想基础"[②]，突出新时代思想政治教育主导性的意识形态属性，也突出了主流意识形态的导向性。

第二，牢牢把握党对意识形态的领导权。习近平指出"必须把意识形态工作的领导权、管理权、话语权牢牢掌握在手中"[③]。在突出意识形态工作重要性的基础上阐明意识形态领导权必须掌握在共产党手中。习近平强调思想政治工作主导权的重要性，将党掌握高校思想政治工作主导权作为解答"为谁培养人，如何培养人"问题的重要方法。在党的十九大报告中，更是将"牢牢掌握意识形态工作领导权"[④]作为单列的一条进行论述，凸显新时代党对意识形态工作的领导。2018年，习近平在强调党对意识形态工作领导的基础上，进一步强调"要加强党对宣传思想工作的全面领导"[⑤]，突出"全面领导"，并强调政治建设、作风

① 《在庆祝建党95周年大会上的讲话》，《人民日报》2016年7月2日。
② 《把思想政治工作贯穿教育教学全过程 开创我国高等教育事业发展新局面》，《人民日报》2016年12月9日。
③ 《习近平关于全面深化改革论述摘编》，北京：中央文献出版社2014年版，第86页。
④ 习近平：《决胜全面建成小康社会 夺取新时代中国特色社会主义伟大胜利——在中国共产党第十九次全国代表大会上的报告》，北京：人民出版社2017年版，第41页。
⑤ 《举旗帜聚民心育新人兴文化展形象 更好完成新形势下宣传思想工作使命任务》，《人民日报》2018年8月23日。

建设、队伍建设在党对宣传思想工作中发挥全面领导的保障。

第三，突出以人民为中心的工作导向。中国经济社会发展是人民在党领导下创造的成果，坚持中国特色社会主义必须始终以人民为中心。以人民为中心是新时代思想政治教育主导性的发展取向。"人民"二字在党的十九大报告中出现了203次，"人的全面发展"强调3次，"以人民为中心"在十九大报告中出现4次，这体现新时代党的工作以人民为中心的发展导向。思想政治教育作为党的传统优势，在新时代思想政治教育主导性中也坚持党性和人民性的统一。

首先，以人民为中心的发展思想是新时代中国共产党治国理政的重要思想和核心要义，是中国共产党全心全意为人民服务宗旨的时代体现，实现了人民性和党性的时代契合。2013年，习近平从意识形态建设的角度，强调"要树立以人民为中心的工作导向"①，2015年习近平强调"把增进人民福祉、促进人的全面发展作为发展的出发点和落脚点"②，党的十九大报告再一次强调人民中心的思想，如此层层递进的论述体现新时代党中央治国理政的思路，也在实践层面指明了新时代思想政治教育主导的重要方向。其次，"以人民为中心"的工作导向回答了思想政治教育为谁主导，谁来主导以及主导性评价标准的问题。思想政治教育是党的"生命线"，新时代党和国家以人民的美好生活作为共产党人的奋斗目标。十八届中央政治局常委在同中外记者见面会上，习近平宣誓"人民对美好生活的向往，就是我们的奋斗目标"③，并且在阐述中国梦时指出要让人民"共同享有人生出彩的机会，共同享有梦想

① 习近平：《胸怀大局把握大势着眼大事 努力把宣传思想工作做得更好》，《人民日报》2013年8月21日。

② 《中国共产党第十八届中央委员会第五次全体会议文件汇编》，北京：人民出版社2015年版，第25页。

③ 习近平：《习近平谈治国理政》（第1卷），北京：外文出版社2018年版，第4页。

成真的机会"①。2016年习近平指出"人民立场是中国共产党的根本政
治立场"②，从全党的角度强调以人民为中心的工作主体，即主导的主
体。他在党的十九大上强调为中国人民谋幸福是中国共产党人的初心，
并在2019年开始在全党开展"不忘初心、牢记使命"主题教育。所有这
一切都是与"以人民为中心"工作导向的契合，体现了思想政治教育主
导的主体是中国共产党党员，即人民中的先进分子，主导的评价标准在
于人民的发展，在于人民是否满意，突出思想政治教育在实践层面以人
民为中心的发展取向。

四、内容的先进性——发展中国特色社会主义理论体系

思想政治教育活动的开展需要明确教育内容，内容是教育者为实现
思想政治教育目标而选择的思想理论观点等的总和。思想政治教育主导
性通过教育内容得到具象化呈现，也通过思想政治教育内容促成主导作
用的发挥。有学者指出思想政治教育内容主导性是思想政治教育主导性
的要素之一，认为思想政治教育主导性是"思想政治教育实施过程中实
现其主导功能方面所表现出来的积极属性"③，这种积极属性也可理解
为思想政治教育内容的先进性。"先进"具有先锋、先导的意蕴，理论
的先进性既是内容优于其他理论的特质，也是理论内容对于人类社会历
史发展进步的推动作用。因此，先进性为何具备主导性，主要表现在以
下三个方面：首先，先进性必然表现为正确的方向性，能够沿着党和国
家主张的主流意识形态轨道发展，这也是思想政治教育主导性的本质要
求。其次，先进性具有鲜明的时代性，先进性代表能够紧贴时代背景，

① 习近平：《习近平谈治国理政》（第1卷），北京：外文出版社2018年版，第40页。

② 《在庆祝建党95周年大会上的讲话》，《人民日报》2016年7月2日。

③ 石书臣：《现代思想政治教育主导性》，上海：学林出版社2004年版，第240页。

符合时代需求，只有这样才能够发挥主导性中的决定性作用。再次，先进性具有契合性，契合教育对象的实际需求，才能产生感染力和吸引力，才能对教育对象起到导向的引领作用。

新时代思想政治教育主导内容以新时代治国理政思想为核心，中国特色社会主义理论体系的与时俱进发展表现出主导内容的先进性。首先，习近平新时代中国特色社会主义思想集中表现为"十个明确""十四个坚持""十三个方面成就"，成为国家经济、政治、文化、社会和生态等方面发展的重要指导理论，突出新时代中国特色社会主义的发展方向；其次，这一思想扣准时代背景，回答时代之问，是马克思主义中国化时代化的最新成果，突出思想的时代性；再次，这一思想回应新时代党和国家发展面临的一系列现实问题，符合人民的需求，彰显了契合性。具体而言，新时代思想政治教育内容的先进性主要表现在以下三个方面。

（一）思想政治教育内容的方向性

党的十八大以来，党和国家再次指出中国特色社会主义发展方向的重要性，这也是新时代思想政治教育内容所体现的正确方向。

第一，党中央在治国理政思想中标明了新时代思想政治教育发展方向。习近平指出"坚持和发展中国特色社会主义是贯穿党的十八大报告的一条主线"[1]，坚持和发展中国特色社会主义也成为习近平治国理政思想的核心主线。2017年7月，习近平强调"中国特色社会主义是改革开放以来党的全部理论和实践的主题"[2]；2016年在全国高校思想政治

---

[1] 《紧紧围绕坚持和发展中国特色社会主义 深入学习宣传贯彻党的十八大精神》，《人民日报》2012年11月19日。

[2] 《高举中国特色社会主义伟大旗帜 为决胜全面小康社会实现中国梦而奋斗》，《人民日报》2017年7月28日。

工作会议上指出"保证高校始终成为培养社会主义事业建设者和接班人的坚强阵地"①；2018年在全国教育大会再一次指出"坚持中国特色社会主义教育发展道路，坚持社会主义办学方向"②。从党和国家发展战略方向再到在教育办学方向中坚持中国特色社会主义的论述，体现党和国家在理论上对正确方向性的肯定及在实践层面对正确方向的坚持。

第二，对正确方向的贯彻也体现在新时代思想政治教育内容中。方向性是思想政治教育内容确定的首要原则。思想政治教育内容也以建设和发展新时代中国特色社会主义作为重要的方向。有学者指出思想政治教育内容"以理想信念教育为核心，以爱国主义教育为重点，以道德建设为基础，以人的全面发展为目标"③构成了重点突出富有时代感的思想政治教育内容体系，这一体系建构也适用于新时代思想政治教育内容。党的十八大以来，党中央在全国开展中国梦教育、理想信念教育等，如习近平在多个场合强调理想信念的重要性，强调理想信念教育要面向全社会开展；新时代以来中共中央、国务院还根据国际国内形势的新变化印发《新时代公民道德建设实施纲要》《新时代爱国主义教育实施纲要》等推动和保障新时代公民道德教育、爱国主义教育的实施，而这一系列的新时代思想政治教育内容无不贯穿着中国特色社会主义的方向。如2013年习近平曾明确要求工人阶级要"牢固树立中国特色社会主义理想信念"④，对于爱国主义的本质，习近平在纪念五四运动100周年大会上也曾鲜明地指出"爱国主义的本质就是坚持爱国和爱党、爱社

---

① 《把思想政治工作贯穿教育教学全过程　开创我国高等教育事业发展新局面》，《人民日报》2016年12月9日。

② 《坚持中国特色社会主义教育发展道路　培养德智体美劳全面发展的社会主义建设者和接班人》，《人民日报》2018年9月11日。

③ 教育部思想政治工作司编：《思想政治教育原理与方法》，北京：高等教育出版社2010年版，第141—146页。

④ 《在同全国劳动模范代表座谈时的讲话》，《人民日报》2013年4月29日。

会主义高度统一"①，体现中国特色社会主义发展方向。

（二）思想政治教育内容的鲜明时代性

时代性是思想政治教育内容坚持先进性的特点之一。恩格斯认为"每一个时代的理论思维，包括我们这个时代的理论思维，都是一种历史的产物，它在不同的时代具有完全不同的形式，同时具有完全不同的内容"②。十八大以来，党中央不断突出中国特色社会主义理论体系在思想政治教育内容中的主导特点。中国特色社会主义理论体系是马克思主义中国化的成果之一，蕴含了思想的真理性、科学性，也根据时代特点不断完善，如马克思主义中国化在新时代的创新发展。习近平新时代中国特色社会主义思想"是在科学社会主义焕发新生机、两种社会制度的较量呈现新态势"③中不断发展的；新时代治国理政理论坚持人民至上，体现丰富全面的价值；同时，这一理论坚持弘扬中华优秀传统文化，这也体现了在全球化不断发展的时代背景下开放进取的民族性。党的十八大报告提到了"理论自信"，十八大通过的党章修正案决议指出把中国特色社会主义制度、道路、理论体系写入党章，④突出对中国特色社会主义的重视。习近平新时代中国特色社会主义思想是最新的理论成果，这一思想也是马克思主义与时俱进的成果，是新时代思想政治教育的系统性内容，这一内容根据国际国内形势的变化不断发展创新，彰显鲜明的时代性。

十八大以来党中央注重发挥科学理论的引领性，注重中国当代发展马克思主义的实践基础和现实需要，着力推动马克思主义中国化时代

---

① 《在纪念五四运动100周年大会上的讲话》，《人民日报》2019年5月1日。

② 《马克思恩格斯选集》（第3卷），北京：人民出版社2012年版，第873页。

③ 中共中央宣传部编：《习近平新时代中国特色社会主义思想三十讲》，北京：学习出版社2018年版，第2页。

④ 《十八大以来重要文献选编（上）》，北京：中央文献出版社2014年版，第46页。

化。党的十九大更新中国化最新理论成果为指导思想，是对中国特色社会主义理论体系的丰富和发展。尤其是目前我国进入全面深化改革阶段，社会矛盾凸显与西方价值观渗透相互交织，新时代党中央治国理政思想以时代的问题和挑战作为背景而提出，是马克思主义与中国实际的进一步结合。习近平曾指出"仍然需要保持和发扬马克思主义政党与时俱进的理论品格"①。党的二十大报告指出"推进马克思主义中国化时代化是一个追求真理、揭示真理，笃行真理的过程"②。中国共产党人立足中国，坚持马克思主义与中华优秀传统文化相结合，与中国具体实际相结合，不断推进理论和实践创新。新时代思想政治教育内容融合新的时代背景对传统思想政治教育内容进行创新发展，创造性运用新理论，符合时代要求，因而具备先进性。

（三）思想政治教育内容的准确契合性

有学者在阐述思想政治教育内容有效性时，将思想政治教育先进性作为指标之一，并指出思想政治教育"要引导人们思想观念的发展，它的内容就必须在密切贴近客观实际的基础上，具有鲜明的先进性"③，也就是说在思想政治教育中，内容的先进性必须依托于对客观实际的贴近，这种贴近从微观的角度，可以理解为思想政治教育内容与教育对象思想品德形成过程以及个体需求的契合。

思想政治教育内容既有围绕国家和社会发展需求的内容，也有根据人的全面发展需求而形成的思想政治素质内容，即符合个体的思想品德形成规律的内容。新时代思想政治教育内容在微观层面上将社会主义核心价值

---

① 习近平：《习近平谈治国理政》（第2卷），北京：外文出版社2017年版，第62页。

② 习近平：《高举中国特色社会主义伟大旗帜　为全面建设社会主义现代化国家而团结奋斗——在中国共产党第二十次全国代表大会上的报告》，北京：人民出版社2022年版第16页。

③ 沈壮海：《思想政治教育有效性研究》，武汉：武汉大学出版社2016年版，第85页。

观培育作为思想政治教育的重要内容，反映个体的思想品德发展需要，契合人的全面发展。新时代以来，思想政治教育的重要内容之一是通过社会主义核心价值观的培育实现抵制西方价值观渗透的目的，用一元引领主导多元价值取向的发展以增强社会主义意识形态的影响力。

首先，社会发展对个体素质的要求体现在社会主义核心价值观中。个体层面的主导要求融贯在社会主义核心价值观24个字的凝练中。习近平指出核心价值观"就是一种德，既是个人的德，也是一种大德"[1]，其培育的实现"必须知道自己是谁，是从哪里来的，要到哪里去"[2]，在十九大报告中强调社会主义核心价值观凝结着全体人民共同的价值追求，将核心价值观定义为大德、定义为国家民族和人民的追求，上升为对国家治理体系和治理能力现代化的保障。其次，社会主义核心价值观契合个体在多元社会中价值取向选择的需求。随着信息化和全球化的发展，西方价值的无声渗透，社会主义核心价值观更应该发挥引领作用，"用社会主义核心价值观和人类优秀文明成果滋养人心、滋养社会"[3]。面对多元价值观渗透，个体思想会发生一个思想矛盾转化的过程，这个过程是个体在社会环境作用下内在的"知、情、意、信、行"等要素辩证运动的过程。社会主义核心价值观包括国家社会个人三个层面，社会主义核心价值观培育过程体现社会环境对人的思想品德形成的影响及个体对社会环境主观能动作用的互动过程，契合个体思想品德的形成发展过程。

五、方式的科学性——坚持正面宣传为主

主导方式也是思想政治教育主导性的组成要素。教育方式的主导性是指能够促进思想政治教育主导性发挥的有效方法和形式。科学有效的

---

① 习近平：《习近平谈治国理政》（第1卷），北京：外文出版社2018年版，第168页。

② 习近平：《习近平谈治国理政》（第1卷），北京：外文出版社2018年版，第171页。

③ 习近平：《习近平谈治国理政》（第2卷），北京：外文出版社2017年版，第337页。

思想政治教育方式才能发挥教育内容的先进性，促进目标引领和方向引导的实现。"最好的方式是将盐溶解到各种食物中自然而然吸收"①，即强调思想政治教育方式影响思想政治教育有效性。从主导性的角度看，即强调主导方式的重要性。有效的主导方式是能够润物细无声、潜移默化地实现价值主导。党的十八大以来，习近平在宣传工作与新闻舆论工作会议上多次强调"正面宣传为主"。2013年在全国宣传思想工作会议上指出"坚持团结稳定鼓劲、正面宣传为主"②；2016年习近平在全国网络安全和信息化工作座谈会上明确要"做强网上正面宣传"③，突出正面宣传为主的方式在网络思想政治教育中的重要性；2018年习近平在全国宣传思想工作会议上指出"聚民心，就是要牢牢把握正确舆论导向，唱响主旋律，壮大正能量，做大做强主流思想舆论"④。"坚持正面宣传为主"的宣传方式，从方法论的角度看，也是新时代思想政治教育主导性发挥的积极方式。

第一，思想政治教育主导性中坚持正面宣传为主是什么？首先，在思想政治教育中坚持党性，坚持正确的舆论导向，必须"体现党的意志、反映党的主张，维护党中央权威、维护党的团结"⑤。其次，坚持正面宣传为主就是要加大正能量的宣传力度，不放弃舆论斗争。习近平指出网络上存在的"贬低中华文化，否定中华民族的历史贡献……"⑥

---

① 《沿用好办法　改进老办法　探索新办法——三论学习贯彻习近平总书记高校思想政治工作会议讲话》，《人民日报》2016年12月11日。

② 习近平：《胸怀大局把握大势着眼大事　努力把宣传思想工作做得更好》，《人民日报》2013年8月21日。

③ 习近平：《在网络安全和信息化工作座谈会上的讲话》，《人民日报》2016年4月26日。

④ 习近平：《习近平谈治国理政》（第3卷），北京：外文出版社2020年版，第312页。

⑤ 习近平：《习近平谈治国理政》（第2卷），北京：外文出版社2017年版，第332页。

⑥ 《习近平关于社会主义文化建设论述摘编》，北京：中央文献出版社2017年版，第34页。

就是负能量。坚持正面宣传为主就是要加强宣传中华优秀传统文化，对于错误的舆论要敢于亮剑，敢于批评，以此增强正能量对群众思想政治教育的效果。再次，坚持正面宣传为主，必须以真实性作为基础增强吸引力和感染力。习近平要求党的新闻舆论工作在做好正面宣传时"要直面工作中存在的问题，直面社会丑恶现象，激浊扬清、针砭时弊"[①]，这一要求也适用于思想政治教育中必须坚持正面宣传为主的原则。在思想政治教育中坚持正面宣传为主并不是要教育者一味掩盖负面案例或过度强调正面案例，而是要求教育者立足于社会现实，实事求是直面社会发展过程中的问题及党和国家的方针政策，引导教育对象形成客观正确的认知，进而形成情感认同。

第二，在思想政治教育主导性中坚持正面宣传为主为什么是科学有效的？回答这个问题，必须回到习近平对于为什么坚持正面宣传为主的论述中。习近平从两个角度分析了这个问题，一方面是从唯物辩证法的角度指出原因所在："我国社会积极正面的事物是主流，消极负面的东西是支流"[②]，思想政治教育主导性的本质是要凸显社会主义意识形态的引导性，归根到底要回到社会民众对政党制度、社会制度和国家制度的认同，发挥积极正面事物的主流引导作用，才能在社会营造积极向上的氛围，凝聚共识，统一思想；另一方面，习近平强调当下处于伟大斗争的进行中，在思想政治教育中坚持正面宣传为主，是对社会成员的思想动员，共同克服中国梦实现过程中所面临的困难和挑战。坚持正面宣传为主，通过宣传党的十八大以来党中央治国理政的新理念和新战略，宣传广大人民群众在实现中华民族伟大复兴过程中的实际行动，及时解答群众的疑惑，激发人民群众主体意识，发挥建设主体的作用，因而坚

① 习近平：《习近平谈治国理政》（第2卷），北京：外文出版社2017年版，第333页。
② 《习近平关于社会主义文化建设论述摘编》，北京：中央文献出版社2017年版，第44页。

持正面宣传为主体现思想政治教育主导方式的科学性。

第三，坚持正面宣传为主是新时代实现思想政治教育主导性的重要方式。思想政治教育主导方式指的是能够实现思想政治教育主导性的积极方式。首先，坚持正面宣传为主是对思想政治教育主导主体能动作用的促进。坚持正面宣传为主，就是强化正面引导，同时不放弃舆论斗争，这就要求思想政治教育者必须增强主动性、掌握主动权、打好主动仗，占领主阵地。习近平指出舆论领域有三个地带。其中红色地带是主阵地，要求思想政治教育者一定要主动占领和守住，[①]对于黑色地带，要"勇于进入……逐步推动其改变颜色""对灰色地带，要大规模开展工作，加快其转化为红色地带"[②]，这是对思想政治教育主导主体能动作用的要求和确认。其次，坚持正面宣传为主是对社会主义意识形态的凸显。《共产党宣言》指出"现在是共产党人向全世界公开说明自己的观点、自己的目的、自己的意图并且拿党自己的宣言来反驳关于共产主义幽灵的神话的时候了"[③]，即旗帜鲜明表明阶级立场和观点本身就是思想政治教育主导性的本质彰显。坚持正面宣传为主就是要宣传党中央治国理政的战略和思想，壮大主流声音、唱响主旋律。再次，一元主导要求必须坚持正面宣传为主。坚持正面宣传为主，是把握好思想政治教育"度"的问题。坚持正面宣传为主并不是说不能出现负面信息，而是要引导教育对象正确认识负面信息，用正能量消解负能量。尤其是在多元社会思潮渗透及多样诉求并存的新时代，如果过度进行正面宣传或单向灌输宣传，会引起教育对象的逆反心理和抵触行为，反而会给非主流意识形态创造传播空间，不利于思想政治教育一元导向的发展。

---

① 《习近平关于社会主义文化建设论述摘编》，北京：中央文献出版社2017年版，第30页。

② 《习近平关于社会主义文化建设论述摘编》，北京：中央文献出版社2017年版，第30页。

③ 《马克思恩格斯选集》（第1卷），北京：人民出版社2012年版，第399页。

第三节　新时代思想政治教育主导性的时代特色

　　新时代中国特色社会主义发展实践呈现新的特点，党中央治国理政思想不断与时俱进，思想政治教育也面临着新的形势与时代特点，必须结合新时代历史方位的转变，以党的十八大以前思想政治教育主导性为参照基础，以习近平新时代中国特色社会主义思想为逻辑视角，从"主"和"导"两个层面分析新时代思想政治教育主导性的时代特色。

　　"新时代"具有时间划分和性质分析两个层面的含义。从时间上看，"新时代"特指党的十八大以后。研究新时代思想政治教育主导性即研究中国共产党在2012年至今思想政治教育的主导性，与传统、现代等时间观念加以区分。从性质上看，新时代标志着中国特色社会主义的发展进入新阶段。党的十九大报告用"五个是"来概括新时代，分别从新时代的性质、历史任务、发展目的、宏伟目标、国际定位对新时代进行了定义。李辉（2018）也根据十九大报告的"中国特色社会主义进入新时代"的"三个意味着"认为要"在中华民族伟大复兴的历史趋势""在科学社会主义发展的历史进程""在现代化进程"中认识新时代。[①]因此，要以新时代的性质特点为基础，以2012年为时间界限，根据十八大以后党中央治国理政思想开展研究。

[①]　李辉：《新时代与思想政治教育新定位》，《马克思主义理论学科研究》2018年第4期，第127—128页。

从性质上说，新时代思想政治教育的背景、任务、要求发生了变化，思想政治教育的主导目标、主导内容、主导方式也相应改变，区别于中国共产党的传统思想政治教育主导性和现代思想政治教育主导性。[①]石书臣（2004）认为传统和现代的思想政治教育主导性的主要区别在于"传统思想政治教育主导性片面强调了主导性的绝对性而忽视了多样性的发展，现代思想政治教育主导性则强调主导性的发展性和主导性与多样性的辩证统一"[②]。他将1978年作为区分传统与现代的时间界限，他对传统思想政治教育主导性和现代思想政治教育主导性进行区分的依据主要是传统的思想政治教育与现代的思想政治教育之间主导性与多样性的关系。一方面从性质上讲，传统思想政治教育主导性只片面强调阶级和政治主导，新时代思想政治教育主导性则坚持价值导向一元性统领价值取向的多元性。另一方面，从时间上讲，"现代"包含"新时代"，"现代"社会的经济、政治、文化的特点也会映射在"新时代"，新时代思想政治教育主导性兼具现代思想政治教育主导性所强调的主导性与多样性的辩证统一的特点；同时，"新时代"以其独特历史方位的性质特点又与"现代"有所不同，"现代"社会的特点随着改革开放的深入发展以及十八大以后党在国家社会发展的一系列举措的开展过程中已经发生变化，因此新时代思想政治教育主导性也发生了相应的改变。将新时代思想政治教育主导性与传统和现代思想政治教育主导性相比，以习近平新时代中国特色社会主义思想作为逻辑视角，新时代思想政治教育主导性在"主"和"导"两个层面呈现出以下时代特色。

[①] 石书臣（2004）以改革开放为时间界限，将改革开放前的思想政治教育主导性界定为传统思想政治教育主导性，改革开放后的思想政治教育主导性界定为现代思想政治教育主导性。

[②] 石书臣：《现代思想政治教育主导性研究》，上海：学林出版社2004年版，第20页。

一、党的领导核心地位不断增强

思想政治教育主导性中的"主"既有事物中主要的部分，起决定性作用的意蕴，也指活动中的主体起主动主导作用。从"主"的层面理解新时代思想政治教育主导性的时代特色，首先是表现为党的领导核心地位不断增强，即新时代思想政治教育主导性必须突出维护党的领导核心地位这一重点任务。"核心"是指事物中决定事物存在和发展的关键因素，"离开核心，事物的存在和发展就失去了中枢、失去了灵魂"[①]，这和主导性中"主"的意蕴相吻合。

党的十八大以来，历史方位的转变，国际国内形势的变化及党在新时代面临的考验和风险突显出加强党的领导核心地位的必要性，而党中央带领人民创造出世界瞩目的成绩，保持经济快速发展和社会长期稳定两大奇迹也突显出党领导核心地位在其中的重要作用。党的十八届六中全会提出"一个国家、一个政党，领导核心至关重要"[②]，在这次会上还明确了习近平的核心地位；党的十九大报告明确指出"保证全党服从中央……是党的政治建设的首要任务"[③]，党的十九届六中全会通过的决议指出"两个确立"，"党确立习近平同志党中央的核心、全党的核心地位，确立习近平新时代中国特色社会主义思想的指导地位"[④]，突出党的领导核心的重要性。习近平认为党的领导关系方向问题，党的

---

① 韩振峰：《核心意识是政治意识的内核，大局保证》，《人民论坛》2016年第33期，第29页。

② 《中国共产党第十八届中央委员会第六次全体会议公报》，北京：人民出版社2016年版，第7页。

③ 习近平：《决胜全面建成小康社会 夺取新时代中国特色社会主义伟大胜利——在中国共产党第十九次全国代表大会上的报告》，北京：人民出版社2017年版，第62页。

④ 《中共中央关于党的百年奋斗重大成就和历史经验的决议》，北京：人民出版社2021年版，第26页。

十九届四中全会也将"坚持党的集中统一领导"①作为国家制度和治理体系的首要优势。可见，党的领导核心地位不断增强是十八大以来中国特色社会主义实践发展中突出的重点。而思想政治教育是中国共产党治国理政的传统优势，因此新时代思想政治教育主导性既要突出党的全面领导，发挥中国共产党作为核心主体的主动主导，也要维护党中央权威和集中统一领导，实现核心的凝聚指引作用。

二、人民为中心取向日益突出

人民立场是马克思主义鲜明的立场，人民是推动社会历史发展的重要力量。中国共产党自建党以来就把人民幸福生活作为追求的价值目标。群众路线作为毛泽东思想活的灵魂之一是中国共产党人将马克思列宁主义关于"人民群众是历史创造者"的原理活用于共产党所领导的活动中而形成的工作路线，成为中国共产党的重要传家宝。党的十八大以来，以人民为中心的取向更加突出。党的十九大报告中，"人民"一词出现203次，习近平强调"必须坚持人民主体地位，坚持立党为公、执政为民"②，党的二十大报告将"实现全体人民共同富裕"③作为中国式现代化本质要求之一。新时代以来提出的总体布局和战略布局也紧紧围绕人民的发展，如"必须坚持以人民为中心的发展思想"④。以人民

---

① 《中国共产党第十九届中央委员会第四次全体会议公报》，北京：人民出版社2019年版，第5页。

② 习近平：《决胜全面建成小康社会 夺取新时代中国特色社会主义伟大胜利——在中国共产党第十九次全国代表大会上的报告》，北京：人民出版社2017年版，第21页。

③ 习近平：《高举中国特色社会主义伟大旗帜 为全面建设社会主义现代化国家而团结奋斗——在中国共产党第二十次全国代表大会上的报告》，北京：人民出版社2022年版，第23—24页。

④ 习近平：《决胜全面建成小康社会 夺取新时代中国特色社会主义伟大胜利——在中国共产党第十九次全国代表大会上的报告》，北京：人民出版社2017年版，第19页。

为中心成为新时代党中央治国理政理念及实践中开展工作的重要导向：
2013年习近平明确提出"要树立以人民为中心的工作导向"①，随后在
文艺创作、新闻工作、信息安全工作以及哲学社会科学工作都强调人民
导向。可见，以人民为中心的理念贯穿于中国共产党治国理政的各项工
作中。因此，从理论上看，以人民为中心是新时代的核心理念，从实践
上看，人民取向是中国共产党领导的实践活动的重要取向。"导"具有
引导、选择的意蕴，从"导"的层面看，以人民为中心是中国共产党治
国理政的导向，也突出了新时代思想政治教育主导性坚持以人民为中心
取向的时代特色。

三、主流意识形态导向更加鲜明

意识形态工作是新时代中国特色社会主义事业的重要工作，必须
建设具有影响力的社会主义意识形态。意识形态建设离不开思想政治教
育。新时代思想政治教育主导性表现为主流意识形态导向更加鲜明的时
代特色。

自党的十八大以来，牢牢掌握意识形态领导权是新时代思想政治教
育的风向标。传统的思想政治教育主导性片面强调政治主导而忽视了多
样性，政治导向成为唯一的标准。现代思想政治教育主导性认为在主导
性和多样性辩证统一关系中，随着改革开放发展所带来的多样化发展，
主导性也受到了现代性的影响。"在多样性社会……政治不是唯一的，
它本身已经多样化，进入社会各个领域各个层次，已经变形"②，在这
样的背景下，现代思想政治教育主导性的意识形态导向变得不够突出，

① 《胸怀大局把握大势着眼大事　努力把宣传思想工作做得更好》，《人民日报》
2013年8月21日。

② 孙其昂：《思想政治教育学前沿研究》，北京：人民出版社2013年版，第243页。

甚至思想政治教育出现"边缘化""中性化""市场化"的倾向。进入新时代，整个社会的发展呈现出现代化的特点，我国也日益走向国际舞台的中央，面临的国内和国际形势更加复杂。从国情看，新时代社会主要矛盾发生变化，美好生活需要与发展不平衡不充分之间的矛盾逐渐突出，新时代如何激励个体积极性主动性的发挥是思想政治教育的重要课题；从党情看，自党的十八大以来，在处理好党的领导、依法治国和人民当家作主的辩证关系中，全面从严治党取得成效，新时代如何继续加强党的领导是思想政治教育的重要任务；从世情上看，中国国际地位的提升，中国与他国的交往日趋紧密，如何在多元价值观渗透中坚持社会主义核心价值体系的导向是新时代思想政治教育的重要任务。在新时代这样的现实背景下，意识形态工作的重要任务是巩固马克思主义指导地位及共同思想基础，[1]这也是新时代思想政治教育主导性的时代特色。

四、中国梦目标指向清晰突显

2012年习近平在参观"复兴之路"展览时，明确提出实现中华民族伟大复兴的中国梦，中国共产党人也以实现中国梦作为新时代的目标。2016年习近平强调了高校思想政治教育关系培养人的问题，并着重指出要引导学生"正确认识时代责任和历史使命，用中国梦激扬青春梦"[2]，明确了中国梦在思想政治教育中的目标指向作用。

中国梦的核心内容是实现中华民族伟大复兴，这一目标并不是在新时代才提出来。但是在新时代，新一届中国共产党领导人以马克思主

---

① 《中国共产党第十八届中央委员会第三次全体会议文件汇编》，北京：人民出版社2013年版，第58页。

② 《把思想政治工作贯穿教育教学全过程　开创我国高等教育事业发展新局面》，《人民日报》2016年12月9日。

义为指导，以中华优秀传统文化为源头，用中国梦的平实话语构建中国特色社会主义理论体系。新时代中国特色社会主义的必然目标是全面建成小康社会和社会主义现代化强国，而中国梦与这一目标是相契合的。中国梦包含国家民族个人三个维度，将个人的理想与国家和民族发展相联系，中国梦便是具体的形象的，人民群众能够更好地理解社会主义现代化强国建设的意义，能够更清晰认知中国梦与中国特色社会主义发展目标之间的关系，更容易接受中国梦的引领。十八大以来党治国理政思想以中国梦为核心目标进行实践。思想政治教育是中国共产党的传统优势，中国梦既是中国共产党人在建设新时代中国特色社会主义实践中的目标导向，也是思想政治教育的目标指向。因此，以新时代治国理政目标逻辑为视角，从"导"的层面理解新时代思想政治教育主导性的特色是中国梦目标指向的清晰凸显。

第五章

新时代思想政治教育主导性的价值意蕴

新时代思想政治教育为什么具有主导性以及为什么需要主导性？以上问题关涉主导性的价值意蕴。随着新时代中国特色社会主义发展对思想政治教育提出相应的任务和要求，思想政治教育主导性的价值也呈现相应的时代特点。

从新时代党中央治国理政理论发展的角度看，新时代思想政治教育主导性的形成体现在党中央推进国家治理现代化的理论逻辑中，回应了新时代思想政治教育"为什么具有主导性"的问题；从新时代中国特色社会主义的实践过程看，思想政治教育主导性在其中呈现出相应的时代价值，回应了"为什么需要主导性"的问题。同时，新时代思想政治教育主导性价值发挥最终表现为三个层面的导向：维护党的领导、服务国家发展及增强人民获得感。

第一节　新时代思想政治教育主导性的价值出场

新时代党中央治国理政理论有所创新，表现在：以坚持和发展中国特色社会主义为主题、以坚持党的领导为领导核心和以人民为中心的主体意识、以推进"五位一体"总体布局①和"四个全面"战略布局②作为发展布局、以军队建设为安全保障以及以"人类命运共同体"理念开展大国外交，最终实现国家治理现代化的发展。这一系列新思想新理念也是新时代开展思想政治教育的重要理论遵循，新时代思想政治教育主导性也是基于政党建设、意识形态工作以及国家治理现代化推进中形成的，主导性的理论价值也蕴含于这三个维度中。

一、基于推进政治建设的时代观照

党的十八大以来，党中央高度重视党的建设，将党的政治建设摆在党的建设的首位，党中央围绕政治建设提出系列论述。党的十九大强调"必须以党章为根本遵循，把党的政治建设摆在首位"③，党的二十

---

① "五位一体"总体布局指经济建设、政治建设、文化建设、社会建设以及生态文明建设。

② "四个全面"战略布局，即全面建成小康社会、全面深化改革、全面依法治国、全面从严治党。十九届五中全会指出协调推进全面建设社会主义现代化国家、全面深化改革、全面依法治国、全面从严治党的战略布局。

③ 习近平：《决胜全面建成小康社会　夺取新时代中国特色社会主义伟大胜利——在中国共产党第十九次全国代表大会上的报告》，北京：人民出版社2017年版，第26页。

大报告在"深入推进新时代党的建设新的伟大工程"部分强调"加强党的政治建设，严明政治纪律和政治规矩"①，2019年颁布的加强党的政治建设的意见指出"要以党的政治建设为统领"②，党的十九届四中全会强调完善"两个维护"的各项制度，③表明党中央政治建设的逐步推进。政党政治建设的加强有利于确保党始终成为中国特色社会主义事业的领导核心，实现党的政治意志和政治目标；是马克思主义政党旗帜鲜明讲政治的根本要求，也决定了党的建设方向和效果。因此，新时代政治建设是党中央政党建设的关键，党的政治建设是治国理政思想的重要组成部分。"两个维护"是加强党的政治建设的首要任务，思想政治教育是中国共产党的真正优势，新时代思想政治教育主导性服务于中国共产党政治建设的时代需要。

一方面，加强党的政治建设的目的是"实现全党团结统一、行动一致"④，思想政治教育是中国共产党的真正优势表现在通过党内的思想理论建设，使党保持先进性和纯洁性；通过在广大人民群众中宣传先进思想理论，使党的意志获得群众认可，巩固党的执政基础。习近平指出"任何政党都有政治属性"⑤，这就要求思想政治教育要服务于政党的政治使命、政治目标和政治要求，所以导向性和决定性也就在新时代思想政治教育中形成，具体表现为目标主导服务于党的中心任务，内容主导服务于理想信念教育以及方法主导服务于凝聚共识，巩固思想基础。

---

① 习近平：《高举中国特色社会主义伟大旗帜　为全面建设社会主义现代化国家而团结奋斗——在中国共产党第二十次全国代表大会上的报告》，北京：人民出版社2022年版，第64页。

② 《中共中央关于加强党的政治建设的意见》，《人民日报》2019年2月28日。

③ 《中国共产党第十九届中央委员会第四次全体会议公报》，北京：人民出版社2019年版，第8—9页。

④ 《中共中央关于加强党的政治建设的意见》，《人民日报》2019年2月28日。

⑤ 习近平：《习近平谈治国理政（第3卷）》，北京：外文出版社2020年版，第91页。

另一方面，要坚决维护党中央权威和集中统一领导，关键是要坚持党的政治领导，这也是政党政治建设的重要任务。新时代思想政治教育主导性是基于"两个维护"的需要产生的。首先，"中央"及"核心"表明主要矛盾的存在，事物发展变化必然围绕核心位置展开。思想政治教育作为党的优良传统，其实践活动的开展必然要围绕主要矛盾或矛盾的主要方面，突出思想政治教育的统领性和决定性，即主导性的形成。其次，"两个维护"是对党的政治领导核心地位的维护，即突出共产党的核心主体地位，突出共产党主动主导作用的发挥，即主体主导性的生成。

二、加强意识形态工作的理论诉求

新时代党中央围绕意识形态建设提出系列新论述，是新时代治国理政思想的重要组成部分。习近平指出意识形态工作关乎"党的前途命运""长治久安"及"民族凝聚力和向心力"①，从政党存亡、国家发展和民族团结三个角度强调意识形态建设的重要性。意识形态建设离不开思想政治教育，思想政治教育主导性也是基于党中央加强意识形态工作的理论逻辑而形成的。

一方面，"三个事关"表明意识形态决定党和国家的前进方向和发展道路，所以必须牢牢把握意识形态的领导权。在思想政治教育活动中，领导权即是教育者主动主导作用的突出，主动觉知主体身份的职责，在意识形态斗争中主动发声，发挥思想引领和价值澄清作用。教育者的主体主导性也就基于服务加强意识形态工作领导权的需要而形成。另一方面，"三个事关"表明"推进马克思主义中国化时代化大众

---

① 《胸怀大局把握大势着眼大事 努力把宣传思想工作做得更好》，《人民日报》2013年8月21日。

化，建设具有强大凝聚力和引领力的社会主义意识形态"①的重要性，因此，思想政治教育必须服务于社会主义意识形态建设。首先，思想政治教育服务于社会主义意识形态建设的思想根基是在思想政治教育中加强理论武装，加强马克思主义中国化宣传教育，尤其是在新时代要坚持用习近平新时代中国特色社会主义思想武装全党和人民；其次，思想政治教育为社会主义意识形态建设营造良好的舆论氛围，坚持正面宣传为主，发挥舆论引导作用，壮大主流思想舆论；再次，思想政治教育坚持日常生活空间转向，融入人民群众日常生活，贴近实际、贴近生活，营造良好舆论环境。因此，基于思想政治教育为社会主义意识形态建设服务，突出社会主义意识形态本质主导性也就成为新时代思想政治教育必然选择。

三、促进国家治理现代化的逻辑需要

新时代中国共产党治国理政思想的创新逻辑是实现国家治理现代化，即治理体系和治理能力现代化。无论是党的十八届三中全会还是十九届四中全会都将"推进国家治理体系和治理能力现代化"②放在重要位置，实现国家治理现代化是新时代实现中华民族伟大复兴的重要理论逻辑。思想政治教育是一切工作的"生命线"，有利于将制度优势转化为治理效能。思想政治教育主导性突出主体的能动性、意识形态的本质性以及一元导向性，其形成也是基于服务国家治理现代化的需要。习近平指出"推进国家治理体系和治理能力现代化，必须解决好价值体系

---

① 习近平：《决胜全面建成小康社会　夺取新时代中国特色社会主义伟大胜利——在中国共产党第十九次全国代表大会上的报告》，北京：人民出版社2017年版，第41页。
② 《中国共产党第十八届中央委员会第三次全体会议公报》，北京：人民出版社2013年版，第4页。

问题"①。价值体系建设逻辑与思想政治教育主导性的形成相吻合。

首先，价值体系建设必须坚定"四个自信"，即必须旗帜鲜明坚定马克思主义信仰，坚持中国特色社会主义，突出主导性的社会主义意识形态本质。习近平指出"推进国家治理体系和治理能力现代化，绝不是西方化、资本主义化"②，标定国家治理现代化的社会主义方向。思想政治教育促使教育对象坚定"四个自信"是对治理现代化的重要思想保障，思想政治教育主导性也必然要坚持突出社会主义意识形态本质，才能有力抵制"西方文化中心论"的影响。其次，"四个自信"是一个有机整体，是国家治理现代化的根本思想保障，指明国家治理现代化的必由之路、思想根基、制度保障以及精神动力。思想政治教育培养治理主体坚定"四个自信"，是在思想层面对国家治理现代化发展的重要保障。从主体维度分析，自信是主体自我效能感的体现，是主体对自我的深层觉知及高度认同。因此，思想政治教育要培养主体坚定"四个自信"提升治理效能，就必然在思想政治教育主导性中突出主体的主动主导性。再次，党的十九届四中全会指出"发展社会主义先进文化、广泛凝聚人民精神力量，是国家治理体系和治理能力现代化的深厚支撑"③，先进文化凝聚功能的发挥是价值体系建设的重要内容。国家治理现代化的实现要求思想政治教育发挥巩固党中央治国理政成果的思想效能：化解社会矛盾、广泛凝聚共识。现代化及多元价值取向的发展呼唤一元导向的引领，从而使社会民众对主导价值体系形成高度认同，进而使主导上升为主流，实现治理能力的提升。

---

① 中共中央宣传部编：《习近平总书记系列重要讲话读本（2016年版）》，北京：人民出版社2016年版，第76页。

② 中共中央宣传部编：《习近平总书记系列重要讲话读本（2016年版）》，北京：人民出版社2016年版，第75页。

③ 《中国共产党第十九届中央委员会第四次全体会议公报》，北京：人民出版社2019年版，第12页。

第二节　新时代思想政治教育主导性的
价值彰显

　　面对时代课题的变化，新时代中国特色社会主义发展实践对思想政治教育提出相应的任务和要求，主导性也从主导主体作用发挥、意识形态本质凸显以及一元主导三个维度彰显其时代价值，回应了"新时代思想政治教育为什么需要主导性"的问题。

一、促使教育对象自觉服从主导

　　教育者的主动主导作用是思想政治教育主导性内涵之一，习近平强调要"培养一代又一代……为中国特色社会主义事业奋斗终身的有用人才"[①]，这是新时代党中央对思想政治教育者的时代要求。从教育价值关系的角度看，思想政治教育主导性作用的发挥是教育者作为实施主体发挥主动主导作用，通过"传道授业解惑"，使教育对象认可"道、业、惑"对自身需求的满足，从而激发教育对象接受的主导性。因此，新时代思想政治教育主导性成效的实现必须发挥教育者主动主导作用，突出教育者主体信仰、主体导向、主体责任及主体目标，应对多样化社会思潮影响、市场经济逐利化、信息传播网络化的挑战，引领教育对象

---

　　① 《用新时代中国特色社会主义思想铸魂育人　贯彻党的教育方针落实立德树人根本任务》，《人民日报》2019年3月19日。

在大是大非问题上有清醒的认识，从而促使教育对象在思想和行为自觉服从主导，实现思想上坚定理想信念和"四个自信"，行动上强化责任担当和务实笃行。

（一）突出主体信仰，引导教育对象坚定理想信念

思想政治教育者主体作用的发挥，首先是突出教育者作为主体的信仰自觉。"政治要强，让有信仰的人讲信仰"①，这是习近平对思想政治理论课教师的要求，也是新时代思想政治教育者主体作用发挥的首要方面。新时代思想政治教育主导性在实践中的发展是突出思想政治教育者的主体作用，首先表现为突出教育者"对马克思主义的信仰，对中国特色社会主义的信念"②，同时思想政治教育者自觉在实践中践行强化信仰，并在教育活动中向教育对象传递信仰，实现言传身教。因此，新时代思想政治教育主导性在发展实践中突出教育者作为主体的信仰，则有利于引导学生正确认识世界和中国发展大势，使学生正确认识中国的发展从救亡图存的历史到取得巨大成就的现实是缘于中国共产党带领中国人民选择马克思主义，开创中国特色社会主义道路，使学生正确认识历史发展的必然性，进而坚定理想信念。

（二）突出主体导向，引导教育对象坚定制度自信

思想政治教育者主体作用的发挥，重点是突出教育者作为主导主体的主动性和导向性。思想政治工作关系培养人的根本问题，突出教育者的主体导向就要突出教育者对这一根本问题的认识自觉和行为自觉。教育者自身通过中国特色和国际比较认识并认同制度优势，清晰认识到思

---

① 《用新时代中国特色社会主义思想铸魂育人　贯彻党的教育方针落实立德树人根本任务》，《人民日报》2019年3月19日。

② 《在庆祝改革开放40周年大会上的讲话》，《人民日报》2018年12月19日。

想政治教育是为社会主义建设培养人才，形成认识自觉。

教育者把中国特色凸显和国际比较贯穿于教育活动中，对于教育对象在进行中国特色与他国特点比较中产生的疑惑或思想上的认识问题不回避，引导教育对象客观认识中国目前发展的巨大飞跃及存在的客观问题；主动引导教育对象从经济发展、政治制度、思想文化方面进行中国特色与国际比较，进而引导教育对象坚定制度自信，突出教育者为党育人、为国育才的教育目的，体现教育者主体导向的行为自觉。只有教育者作为主导主体主动回应制度比较，主导制度比较的方向，才能够坚定教育对象的制度自信，促成教育对象在思想上服从主导。

（三）突出主体责任，引导教育对象强化责任担当

马克思曾经指出"作为确定的人，现实的人，你就有规定，就有使命，就有任务"[①]，对于思想政治教育者而言，就是明确自身在新时代所承担的使命和责任。十九大报告中指出"要以培养担当民族复兴大任的时代新人为着眼点"[②]。思想政治教育者主体作用的发挥就是突出教育者培养时代新人的主体责任。一方面，教育者作为新时代的个体，也肩负民族复兴的大任，必须觉察中国梦实现的意义、中国梦与个人的关系并主动体现在自身的具体行动中，用行动诠释责任；另一方面，教育者又是时代新人的培养主体，通过主体责任意识的唤醒，教育者不是简单作为"传声筒"，而是在主体责任意识的驱动下主动设计教育活动过程，反思教育效果，在教学过程中引导学生认知真实可感的中国梦、引导学生认识中国梦与民族梦、个人梦的关系，并通过实践活动引导学生用行动承担历史使命和责任担当。

---

① 《马克思恩格斯全集》（第3卷），北京：人民出版社1960年版，第329页。
② 习近平：《决胜全面建成小康社会　夺取新时代中国特色社会主义伟大胜利——在中国共产党第十九次全国代表大会上的报告》，北京：人民出版社2017年版，第42页。

（四）突出主体目标，促进教育对象强化务实笃行

思想政治教育者主体作用的发挥还表现在突出主体目标。思想政治教育者主体性作用的发挥是新时代思想政治教育主导性在实践中发展的重要内容，而教育者的主体目的性是主体作用发挥的另一重要表现，明确的目的性是教育者主动性、自觉性、能动性的综合体现。思想政治教育者在新时代的主体目标是培养担当民族复兴大任的时代新人，而这一目标的实现必须落到具体的教育实践中。正如马克思将实践引入认识论时所指出的"人应该在实践中证明自己思维的真理性"[①]。教育者必须在教育实践中引导学生"胸怀大志"，确立远大理想，并要引导教育对象在实践中磨练意志、求真学问、练真本领，通过教育者的实践活动突出时代新人培育的主体目标，促进教育对象强化务实笃行，从而实现在行动上自觉服从主导。

二、实现思想政治教育"四个服务"

主导性是事物发展系统结构中的决定性，决定事物的性质。思想政治教育主导性在教育活动中起决定作用，从本质角度看表现为意识形态性。因此从主导性的本质上看，新时代思想政治教育主导性的时代价值是实现"四个服务"[②]。这是2016年习近平在全国思想政治工作会议上为高等教育发展方向提供了指引，中国的高校是社会主义高校，中国的教育是巩固和发展中国特色社会主义的教育，因此，"四个服务"实际上也是新时代思想政治教育的目标。

第一，新时代思想政治教育主导性的发展有利于实现"为人民服

---

① 《马克思恩格斯选集》（第1卷），北京：人民出版社2012年版，第134页。

② "四个服务"：为人民服务，为中国共产党治国理政服务，为巩固和发展中国特色社会主义制度服务，为改革开放和社会主义现代化建设服务。

务"。马克思和恩格斯在《共产党宣言》中指出"过去的一切运动都是少数人的，或者为少数人谋利益的运动。无产阶级的运动是绝大多数人的，为绝大多数人谋利益的独立的运动"[1]。中国共产党作为代表人民利益的党，全心全意为人民服务是党的宗旨，并贯穿于共产党治国理政的实践中：在新民主主义革命中为实现民族独立的愿望服务，在社会主义建设时期为实现人民对于建立先进工业国的要求服务，在改革开放时期为人民实现富裕的物质文化生活的需求服务，在中国特色社会主义新时代为实现人民对美好生活的向往服务。而思想政治教育作为党的"生命线"和传统优势自然也必须以为人民服务为目标。思想政治教育为人民服务主要体现在把人民愿望的实现作为目标，以尊重人民主体性、提高人民思想道德素质的马克思主义中国化理论成果作为内容，以"坚持群众路线，动员社会各方面力量，全面开展思想政治工作"[2]作为思想政治教育的首要方式方法。

从思想政治教育主导性的定位看，新时代思想政治教育主导性表现为社会主义意识形态导向性更加明确，以人民为中心的工作导向更加突显，实现中国梦的目标指向更加清晰。新时代思想政治教育主导性在实践中发展的表现之一是思想政治教育的党性和人民性的统一。这两者的统一集中体现在社会主义意识形态中，社会主义意识形态是中国共产党带领广大人民群众经过不断探索形成的凝聚人民群众诉求的社会共识。因此，突出社会主义意识形态主导的新时代思想政治教育主导性以共产党作为主导主体，能够更为宏观地根据新时代全面深化改革下人民群众思想观念的变化及新时代人们思想意识错综复杂的现实状况调整思想政治教育内容及具体的方式方法，更好地实现思想政治教育为人民服务。

---

① 《马克思恩格斯选集》（第1卷），北京：人民出版社2012年版，第411页。

② 万福义主编：《思想政治工作简明读本》，北京：人民出版社2000年版，第149页。

第二，新时代思想政治教育主导性的发展促进思想政治教育"为中国共产党治国理政服务"。教育为中国共产党治国理政服务是新时代以来的新提法，有助于更好地推进"教育为人民服务"。思想政治教育要实现为中国共产党的治国理政服务就是要求思想政治教育的发展要有明确的前进导向，服务于共产党执政地位的巩固。思想政治教育主导性的主体是共产党，客体是人民群众。中国共产党的思想政治教育主导内容必然也体现为以人民为中心的共产党治国理政的思想和价值目标。以马克思主义的群众观点作为依据，中国共产党治国理政的价值目标是实现中华民族伟大复兴的中国梦，治国理政的实践是坚持中国共产党领导核心地位及人民主体地位，不断推进国家治理体系和治理能力的现代化。

思想政治教育为治国理政服务，指通过宣传共产党治国理政的理念和思想，正确引导人民群众；通过思想政治教育为群众答疑解惑，实现他们对共产党执政理念的认同并形成共同社会认识，统一人民群众的思想和行动到治国理政的实践中，实现中国共产党治国理政的价值目标。新时代思想政治教育主导性的强化诉求是要在教育中坚持中国共产党的领导，如果失去党的正确领导，思想政治教育没有沿着正确的方向发展，其时代使命就无法实现。新时代思想政治教育主导性坚持意识形态的主导，旗帜鲜明地坚持中国共产党对思想政治教育的领导地位，突出中国共产党主导主体的地位，加强党对思想政治教育的重视与支持，确保思想政治教育能够正确传播党的声音和理论；确保共产党对意识形态工作的领导权，使思想政治教育能够时刻体现党的意志，对思想政治教育的发展及时纠偏，防止思想政治教育被"边缘化"和"西化"；突出党的主导主体地位能够确保党将多元价值取向及多样化利益诉求整合于共产党一元主导的思想理论体系中，将多元统一到一元中，为治国理政凝聚共同的思想基础，促进思想政治教育为治国理政服务。

第三，新时代思想政治教育主导性的发展促进思想政治教育"为巩固和发展中国特色社会主义制度服务"。思想政治教育为巩固和发展中国特色社会主义制度服务也是新时代以来党中央对教育发展目的的新提法。思想政治教育既为巩固和发展中国特色社会主义制度服务，也为思想政治教育的发展规定正确的方向。如何巩固和发展中国特色社会主义制度是新时代党中央面对的现实问题，十九大报告指出"中国特色社会主义制度是当代中国发展进步的根本制度保障"①，党的十九届四中全会通过的决定回答了党在新时代实现国家治理现代化的制度问题。思想政治教育是做人的工作，思想政治教育为巩固和发展中国特色社会主义制度服务就是围绕新时代思想政治教育培养人的这一根本问题开展，因此新时代思想政治教育必须旗帜鲜明坚持社会主义意识形态主导，为党和国家培养巩固和发展中国特色社会主义制度的时代新人。

从主导性的本质看，新时代思想政治教育主导性凸显鲜明的社会主义意识形态导向和突出共产党主导主体地位，在鲜明的主流意识形态导向中进行制度比较，使客体自觉从中国特色社会主义实践中察觉中国特色社会主义制度优越性，促进制度认同和制度自信。在坚持共产党全面领导中突出共产党主导主体地位，使中国共产党发挥领导优势，统筹资源协调各方，集中力量办大事，从而在实践中呈现中国特色社会主义制度的优越性，为思想政治教育的说理教育提供丰富的实践案例。

第四，新时代思想政治教育主导性的发展促进思想政治教育"为改革开放和社会主义现代化建设服务"。相比2002年党的十六大报告中提出的"坚持教育为社会主义现代化建设服务"②的教育目的表述，教育为改革开放和社会主义现代化建设服务是教育目的回应新时代的要求。同理，思想政治教育也必须顺应新时代的要求，做到为改革开放和社会

---

① 习近平：《决胜全面建成小康社会 夺取新时代中国特色社会主义伟大胜利——在中国共产党第十九次全国代表大会上的报告》，北京：人民出版社2017年版，第17页。

② 《十六大以来重要文献选编》（上），北京：中央文献出版社2005年版，第31页。

主义现代化建设服务。改革开放四十多年使中国特色社会主义事业稳步前进，中国社会发展取得巨大的成就，有利于中国特色社会主义制度优越性的凸显。习近平强调"改革开放只有进行时没有完成时"[①]，因此思想政治教育为改革开放服务是顺应时代的要求；而随着全面深化改革的进行，中国面临产业结构性矛盾，发展不平衡不充分等矛盾，社会主义现代化建设需要不断加快；"沿着中国特色社会主义道路，集中力量进行社会主义现代化建设，则是我国宪法规定的国家根本任务"[②]，并且在十六大报告中也已明确提出教育为社会主义现代化建设服务，所以思想政治教育为社会主义现代化建设服务则是顺应时代、历史和宪法的要求。

新时代思想政治教育主导性突出社会主义意识形态的主导，实际上是思想政治教育培养人才的方向保证，习近平指出"抓好马克思主义理论教育，为学生一生成长奠定科学的思想基础"[③]；新时代思想政治教育主导性突出党的主体地位，确保党的思想政治教育能够贯穿于教学全过程，明确思想政治教育与专业知识教育的关系，落实思想政治教育的"立德树人"，促进思想政治教育为改革开放和社会主义现代化建设服务。

三、巩固团结奋斗共同思想基础

从统一性与多样性的辩证统一关系看，多样性与统一性相互依存，主导性是多样性结构中的统一性。新时代思想政治教育统一性与多样性的辩证关系是在多元价值取向中坚持社会主义核心价值体系的一元导

---

① 《习近平关于全面深化改革论述摘编》，北京：中央文献出版社2014年版，第4页。

② 杨晓慧、张泽强：《"四个服务"：高校思想政治工作新理念》，《中国青年政治学院学报》2017年第3期，第4页。

③ 习近平：《把思想政治工作贯穿教育教学全过程　开创我国高等教育事业发展新局面》，《人民日报》2016年12月9日。

向。新时代思想政治教育主导性的第三个本质特征是统一性与多样性的辩证统一，从这个角度判断思想政治教育主导性在新时代发展的价值则是在多元社会发展中巩固团结奋斗的思想基础，这种思想基础是维系国家社会民族发展的重要基石。

中国共产党自1921年建党以来就重视共同思想基础的建设，如毛泽东在抗日战争三周年时强调"共产党员要作抗战的模范，也要作团结的模范"①，1985年邓小平指出国家的团结"一靠理想，二靠纪律"②，江泽民指出国家和民族"如果没有自己的精神支柱，就等于没有灵魂"③，国家和民族的发展也就失去了生命力的支撑。胡锦涛指出"坚持和发展中国特色社会主义是全国各族人民的共同理想信念"④，这些都体现历届党中央领导集体对共同思想基础建设的重视。进入新时代，由建设共同思想基础转为巩固思想基础，党中央将巩固共同思想基础作为意识形态领域工作的重要方面，视为中国梦发展的强大精神力量。2013年习近平指出宣传思想工作要巩固马克思主义指导地位和共同思想基础，⑤从宣传思想工作努力的方向强调共同思想基础在多元思想渗透时代背景下的重要性；2019年习近平强调"要运用信息革命成果……巩固全党全国人民团结奋斗的共同思想基础"⑥，以信息化发展时代作为背景强调共同思想基础对实现中国梦的精神支撑力量。党的十九届四

---

① 《毛泽东选集》（第2卷），北京：人民出版社1991年版，第759页。

② 《邓小平文选》（第3卷），北京：人民出版社1993年版，第111页。

③ 中共中央宣传部编：《毛泽东邓小平江泽民论思想政治工作》，北京：学习出版社2000年版，第14页。

④ 《胡锦涛文选》（第3卷），北京：人民出版社2016年版，第365页。

⑤ 《胸怀大局把握大势着眼大事　努力把宣传思想工作做得更好》，《人民日报》2013年8月21日。

⑥ 《推动媒体融合向纵深发展　巩固全党全国人民共同思想基础》，《人民日报》2019年1月26日。

中全会通过的决定指出"坚持和完善繁荣发展社会主义先进文化的制度"①进而凝聚社会成员的共识，强调从文化制度建设的角度巩固共同思想基础。

从思想政治教育一元主导的角度看，新时代团结奋斗的思想基础是在多元思想观念和多样化价值取向的社会背景下凝聚人心的社会共同理想。十九大报告再次强调共产主义等共同理想的重要作用和地位，它们是党对马克思主义的信仰的体现，明确了"思想基础"的宏观内涵。党的十八大以后，习近平提出"中国梦"，把实现中华民族伟大复兴作为中国梦，将个人的梦想融入国家民族的发展中，实现中国梦成为新时代中国人民的共同理想，关乎民族向心力和凝聚力。因此从中观层面看，新时代共同奋斗的思想基础是实现中国梦；而从微观层面看，共同奋斗的思想基础关乎社会个体的价值取向和价值追求，十九大明确指出"社会主义核心价值观是当代中国精神的集中体现"②，作为社会主义核心价值体系凝练表达的社会主义核心价值观从国家社会个人三个层面体现社会主义核心价值体系的主要内容，是新时代共同奋斗思想基础的微观内涵。

以新时代中国特色社会主义实践发展为视角，新时代思想政治教育主导性坚持统一性与多样性的辩证统一，有利于巩固新时代人民共同奋斗的思想基础。首先，新时代以来多元利益主体和社会文化思想凸显思想主导凝聚共识的需求。党的十九届五中全会提出要"全面深化改革，构建高水平社会主义市场经济体制"，"实行高水平对外开放，开拓合

---

① 《中国共产党第十九届中央委员会第四次全体会议公报》，北京：人民出版社2019年版，第12页。

② 习近平：《决胜全面建成小康社会　夺取新时代中国特色社会主义伟大胜利——在中国共产党第十九次全国代表大会上的报告》，北京：人民出版社2017年版，第42页。

作共赢新局面"。①这必然不断推进新时代的改革开放，社会分化的进程也会不断加快：进入新时代，中国经济也由高速增长转向中高速增长，在供给侧结构性改革的背景下经济发展结构转型也加快，多样化分配方式客观造成差异化的收入分层，正如有的学者所指出"由于行业、部门和地区之间收入的不均衡性促进了人口和资源的流动，劳动者自然向收入高的地方聚集"②，利益差别不断扩大，突出利益主体多元化的特征。而伴随利益主体多元化而来的就是利益立场和价值取向的多样化。同时，进入新时代，西方文化与中华文化，传统文化与现代文化通过便捷发达的网络传播形成了多元交织的社会文化系统，处于多元社会文化系统中的群众思想和心理也呈现多元特点。在多元利益主体及多样社会文化的社会中，更加鲜明突出主导性在共同思想基础生成中的迫切性。其次，在新时代中，思想政治教育主导性在实践中的发展坚持统一性与多样性的辩证统一，在坚持一元指导思想的前提下，允许多样性的发展，有利于凝聚共识。

进入新时代，伴随改革开放再出发、"一带一路"的发展和人类命运共同体的构建，文化交融必然突破时空距离，东方文化与西方文化，现代文化与传统文化相互激荡。文化交融的本质是价值观的交融。新时代思想政治教育主导性的发展并不是用一元价值导向否定多元价值取向，不是用社会主义核心价值观去强制消除多元价值观的存在。相反，是允许多元价值观与社会主义核心价值观进行交锋。交锋论证本身就是社会主义核心价值观的一种宣传，通过社会主义核心价值观与多元价值观之间的论争，可以使人们形成对社会主义核心价值观的科学认识，增

---

① 《中共中央关于制定国民经济和社会发展第十四个五年规划和二〇三五年远景目标的建议》，《人民日报》2020年11月4日。

② 张海冰、蔡小镇：《我国城市社区治理模式创新研究》，北京：人民出版社2016年版，第49页。

进情感认同，保持不同价值观之间的相互补充影响的关系和对价值观的自主选择权，将有益的价值观作为社会主义核心价值观的补充，对完全相悖的价值观进行有理有据的批判。只有承认多元价值观的存在，并允许多元价值观与社会主义核心价值观进行交锋，发挥社会主义核心价值观的引领作用，并始终坚持马克思主义的一元指导，才能彰显马克思主义的理论魅力，增强社会主义核心价值观的吸引力，才能凝聚共识。

第三节　新时代思想政治教育主导性的 价值导向

新时代思想政治教育主导性呈现出具有时代特点的三重价值，从主导成效层面分析，这些价值的实现最终体现在维护党的领导巩固共产党执政地位、巩固社会主义制度促进国家发展、满足人民诉求增强人民获得感三个维度。

一、维护党的领导

思想政治教育是中国共产党的优良传统和真正优势，中国共产党的诞生是思想政治教育与革命运动发生作用的产物，同时，思想政治教育也随着党的领导的加强而不断发展成熟。主导性是思想政治教育活动中的鲜明属性，因此，从巩固共产党执政地位的角度分析，新时代思想政治教育主导性价值导向的重要方面之一是维护党的领导，表现为以下三个方面。

第一，强化主导主体的政治意识，实现教育对象的政治自觉。主导主体即教育者的主动主导作用是思想政治教育主导性的组成部分，主导主体是否具备政治意识直接关乎主导性的成效。强化主导主体的政治意识，其核心是增强主导主体党的意识，习近平强调"全党同志要强化党的意识，始终把党放在心中最高位置"①，要求主导主体要有坚定的

---

① 《十八大以来重要文献选编》（上），北京：中央文献出版社2014年版，第767页。

政治信仰、正确的政治方向和政治立场，主导主体在思想政治教育活动中旗帜鲜明地开展爱党爱国爱社会主义的教育，立场坚定地批判敌对社会思潮，并善于坚持运用党的领导取得巨大成就的经验事实说服教育对象，当主导主体能够充分将政治意识贯穿于主导活动中并突出教育对象的主体性，则政治意识也能内化为教育对象的思想观念，使教育对象能够认识到党是领导一切的，即实现教育对象的政治自觉。

第二，突出主导内容的党性特征，实现教育对象的思想自觉。社会主义意识形态性也是思想政治教育主导性的重要组成部分。在我国，爱党爱国与爱社会主义是统一的，中国特色社会主义制度是共产党带领中国人民成立新中国后开创的社会制度，我国宪法也明确规定中国共产党领导是中国特色社会主义最本质特征。思想政治教育主导性在主导内容上突出社会主义意识形态性，实质也是党性特征的凸显。思想政治教育主导内容的核心重点就是使教育对象认识中国共产党领导的社会主义制度的优越性，在感性上认同中国共产党的领导，在理性上认识中国共产党的政治优势，从而在思想上坚定听党话、跟党走的决心，自觉接受党的领导，实现教育对象的思想自觉。

第三，完善一元引领的主导方式，实现教育对象的行动自觉。从维护党的领导角度看，教育对象的行动自觉就是教育对象在行动上自觉拥护党的领导、执行党的决议。思想政治教育主导性坚持社会主义核心价值观对多元社会取向的一元引领，是统一性与多样性的辩证统一。进入新时代，世界处于百年未有之大变局，中国改革开放的进行时也在不断持续，社会越发多元化开放化。中国共产党从国家社会个人三个层面倡导的社会主义核心价值观正是基于对多元取向的包容与引导凝练而成，用在日常生活中落实、落细、落小的方式进行社会主义核心价值观培育，是党发挥思想领导对人民群众进行价值引领的体现。社会主义核心价值观是中国共产党的主导价值观，是一元导向的彰显，服务于党的领导。完善一元引领的主导方式，使多元取向能够在一元导向的引导下和谐有序发展，并成为社会主义核心价值观的有益补充，才能凝聚思想共识，确保社会稳定发展，使教育对象信服中国共产党执政，并在行动上维护党的领导。

二、巩固社会主义制度

中国特色社会主义制度在中国发展道路上显示出巨大的优越性。新时代思想政治教育必须教育引导广大人民正确认识中国特色社会主义制度的优越性，并积极为巩固和发展制度服务。因此，从服务国家发展的角度分析，巩固和发展中国特色社会主义制度是新时代思想政治教育主导性价值导向的重要方面，具体表现在以下两个层面。

第一，在认识层面，引导教育对象树立"四个正确认识"[①]，进而坚定实现共产主义的理想信念，增强中国特色社会主义制度自信，为巩固和发展中国特色社会主义制度服务。

通过新时代思想政治教育发挥教育者的主动主导、实现正确的主导引领，在认识世界和中国发展大势问题上，面对"社会主义过时论""共产主义渺茫论"等意识形态偏见时，教育对象对世界社会主义发展历史及中国探索社会主义历史有清晰完整的知识认知、相应的知识结构，且表现出坚定的共产主义信念；在认识中国特色和国际比较问题上，面对与资本主义市场经济、资本主义宪政民主及西方"普世价值"的比较中，教育对象能够对中国的经济和政治制度及社会主义核心价值观的中国本土特色进行系统的阐释；在认识时代责任和历史使命问题

---

① 2016年习近平在全国高校思想政治工作会议上提出要教育引导学生树立"四个正确认识"："正确认识世界和中国发展大势，正确认识中国特色和国际比较，正确认识时代责任和历史使命，正确认识远大抱负和脚踏实地"。

上，面对实现中华民族伟大复兴的中国梦，教育对象对中国梦的历史渊源及中国梦实现有清晰的把握；在认识远大抱负和脚踏实地问题上，面对理想与现实的关系，教育对象能将个人理想与中国梦之间的关系、中国梦与个人奋斗之间的关系形成系统的认知。

第二，在实践层面，在实现"五位一体"总体布局上发挥主导作用，巩固社会主义制度。

十八大报告提出"五位一体"的中国特色社会主义建设事业的总体布局①。在经济建设上，经济发展进入新时代，经济全球化日益发展，在国内经济由高速增长阶段转向高质量发展阶段、全面深化改革以及全面建成小康社会的背景下，新时代的思想政治教育发挥方向主导及目标引领的作用，在教育中坚持社会主义核心价值观的主导以保证新时代经济改革发展的社会主义性质和方向，发挥中国梦的目标激励作用以调动教育对象参与经济改革发展的积极性、创造性。在政治建设上，世界多极化及社会信息化背景下，新时代思想政治教育在政治建设领域发挥主导作用则是坚持正确的舆论引导促使教育对象产生制度自信、理论自信，发挥建设中国特色社会主义共同理想的凝聚作用促进民族团结，发挥实现共产主义理想信念的精神支柱作用促进社会政治稳定发展。在文化建设上，全球化发展过程中多元文化相互影响的背景下，新时代思想政治教育在文化领域上坚持维护中国特色社会主义文化的主导地位，在文化领域中坚持马克思主义的指导地位；坚持对教育对象选择文化方向的引导，如引导教育对象选择文化要坚持人民性、民族性和科学性；在多元复杂文化背景下发挥思想政治教育对中华优秀传统文化的创造性转化和创新性发展。在社会建设上，根据新时代社会主义主要矛盾的转

---

① "五位一体"总体布局指经济建设、政治建设、文化建设、社会建设以及生态文明建设。

变，新时代思想政治教育在和谐社会建设上的主导性效果表现为通过思想政治教育阐释社会主要矛盾的变化，引导人们在思想上正确认识这一变化并凝聚共识进而为社会主要矛盾的解决创造思想基础。在生态文明建设上，党的十九大报告首次将"树立和践行绿水青山就是金山银山的理念"①写入报告，党的十九大通过的党章修正案也强化了"增强绿水青山就是金山银山的意识"②表述，体现了共产党的生态文明观。因此，新时代思想政治教育在生态文明建设上的主导性效果的实现则是在教育活动中主导"共同建设美丽中国"的全民行动观、通过主导引领的作用促使教育对象形成生态文明意识及树立生态责任感。

三、增强人民获得感

以人民为中心的取向日益突出是新时代思想政治教育主导性时代特色之一。新时代以来，党和国家带领人民取得了伟大成绩，人民生活水平不断提高，获得感也日益增强。新时代思想政治教育主导性价值导向也必然要满足人民对美好生活的诉求，增强人民获得感。而获得感的增强关键在于人民的认可，在思想政治教育主导性中，则表现为对教育对象主体性的尊重和确认。

习近平在纪念毛泽东同志诞辰120周年座谈会上的讲话指出"党的一切工作，必须以最广大人民根本利益为最高标准"③，在庆祝建党95周年大会上的讲话也明确指出衡量工作得失的标准是"人民拥护不拥

---

① 习近平：《决胜全面建成小康社会　夺取新时代中国特色社会主义伟大胜利——在中国共产党第十九次全国代表大会上的报告》，北京：人民出版社2017年版，第23页。

② 《中国共产党第十九次全国代表大会关于〈中国共产党章程（修正案）〉的决议》，《人民日报》2017年10月25日。

③ 《在纪念毛泽东同志诞辰120周年座谈会上的讲话》，《人民日报》2013年12月27日。

护、赞成不赞成、高兴不高兴、答应不答应"[①]。因此，党衡量一切工作的根本标准是人民的评价。新时代思想政治教育主导性的性质之一是人民性，而主导性的根本价值导向也就是思想政治教育活动中的主导性或中国共产党教育中所主导的政治理念及政治实践能否得到人民的认可。进入新时代，社会主要矛盾发生了转变，不平衡不充分发展也反映了多样性的存在。思想政治教育主导不再是革命时期或社会主义建设初期自上而下的一元行政主导，主导性价值的发挥必须回归现实生活中人民对思想政治教育的认可。人民的认可是一种主观的心理感受，可以分为认知、情感及行为三个层面的标准。

认知是思想政治教育活动开展的最基础的环节，主导性价值也首先在认知层面开展。因此，衡量人民认可度必须先从认知层面的主观体验进行衡量，即新时代思想政治教育内容进入人民群众的头脑后，经过理解、学习、记忆、升华等系列思维加工的过程中，人民群众对思想政治教育内容中所坚持的一元价值引领的消化吸收，并在这一过程中形成初步的判断。新时代党和国家坚持人民至上，既通过治国理政实践使人民实际获益，又通过思想宣传使人民感知党和国家所主导的政治理念和价值观念具有人民性，与广大人民的需求相符合。

在认知层面人民已经肯定党和国家所主导的政治理念及价值观念具备人民性，因此在情感层面就会表现出强烈的情感认同以及行为层面的自觉服从。新时代的人民群众面临全面深化改革中社会转型所带来的多元价值观转向、全球化发展下西方自由化浪潮渗透的多元思想影响，当人民群众表现出强烈认同感时，他们在面对多元价值观时就能够认同并服从主流价值观，在思想认识层面上就能够认识西方"宪政民主"的虚假性并坚定中国特色社会主义政治方向，在面对多层多样多变的价值选

---

① 《在庆祝建党95周年大会上的讲话》，《人民日报》2016年7月2日。

择时就能够坚持思想行为符合党和国家所倡导的规范。

新时代思想政治教育主导的政治观点和价值观念获得人民群众的认可，增强人民群众的获得感。人民表现出对党和国家所倡导的价值观的行为服从，并且还能在行为上自觉表现出引领示范作用时，思想政治教育主导性的价值也就得到最大程度的实现。

第六章

新时代思想政治教育主导性的现实审视

"新时代"既是特指党的十八大以后的时间标定,也是中国特色社会主义进入新的发展阶段的方位标明。党的十八大以来,以习近平同志为核心的党中央高度重视思想政治工作,为主导性发展提供新的机遇;而伴随新时代而来的社会和时代的发展特点也使主导性面临新的挑战。

一方面,党中央围绕新时代思想政治工作的要求和特点,高度重视育人队伍建设,制定和出台相应建设制度和机制,不断加强意识形态建设以及强化社会主义核心价值观的培育,为主导性的发展创造机遇;另一方面,伴随而来的社会时代变化,如全媒体时代的到来、历史方位转变及社会现代化发展带来的问题成为新时代思想政治教育主导性面临的重要挑战。

第一节　新时代思想政治教育主导性的时代机遇

党的十八大以来，党中央高度重视思想政治工作，凸显了新时代思想政治教育主导性强化发展，主导性的发展也迎来了新的机遇。从主导主体性的角度看，新时代党对育人队伍建设的重视有利于主动主导作用的发挥；从意识形态本质的角度看，新时代党对意识形态建设工作的加强有利于主导性的凸显；从一元与多元的关系看，新时代党中央突出对社会主义核心价值观主导的强化有利于一元导向在多元取向中的突出。

一、新时代党对育人队伍的重视

党的十八大以来，围绕新时代思想政治工作的要求和特点，党中央对育人队伍建设提出了一系列新思想和新论述；相关的职能部门也制定和出台相应的育人队伍建设制度和保障机制，体现了新时代党对育人队伍建设的重视，为新时代教育者主体性的凸显创造了发展机遇。

一方面，以习近平同志为核心的党中央对育人队伍所提出的一系列新思想和新论述是对教育者主体地位的确认。十八大以来，习近平关于教师教育及队伍建设的思想中提到教师的作用及对教育者的要求，这既是教育者主动主导作用发挥的重要依据，也是教育者主动主导作用发挥所必须遵循的规范，是对教育者主体地位的确认。党和国家对教育者主体地位的确认有利于激发教育者的主体意识，而教育者主体意识的激发是凸显教育者主动主导作用发挥的关键前提，正如有的学者所指出的主体意识是"开展思想政治教育活动的重要驱动力量"①。习近平关于新时代育人队伍的系列论述主要集中在习近平致全国广大教师的慰问信、教师节前的讲话、全国高校思想政治工作会议上的讲话、全国教育大会上的讲话以及学校思想政治理论课教师座谈会上的讲话。这一系列论述凸显党和国家对育人队伍的重视，有利于凸显教育者的主体性。

第一，教师地位论。新时代党和国家对教师地位的相关论断直接体现党和国家对育人队伍的重视程度。2013年习近平致广大教师的慰问信中明确指出"教师是立教之本、兴教之源"②，用"本源论"直接表明教育者在教育中的重要作用。2014年习近平在同北京师范大学师生代表座谈会上的讲话中指出"广大教师就是打造这支中华民族'梦之队'的筑梦人"③，从实现中华民族伟大复兴中国梦的角度阐述教师的地位，将教师视为培育实现中国梦主力军的重要组成力量，视为影响学生思想和价值取向的重要主体。2016年在全国高校思想政治工作会议上，习近平指出"教师是人类灵魂的工程师，承担着神圣使命"④。"灵魂"是人的思想的集中体现，将教师视为"灵魂的工程师"，充分体现教师在教育对象成长过程中的指导和引路作用。2019年习近平强调办好思想政治理论课"关键在教师，关键在发挥教师的积极性、主动性、创造性"⑤，用两个"关键"突出教师队伍在思想政治教育实效性发挥中的

---

① 沈壮海：《思想政治教育的有效主体论》，《上海交通大学学报（哲学社会科学版）》2000年，第50页。

② 《习近平向全国广大教师致慰问信》，《人民日报》2013年9月10日。

③ 《做党和人民满意的好老师》，《人民日报》2014年9月10日。

④ 《把思想政治工作贯穿教育教学全过程　开创我国高等教育事业发展新局面》，《人民日报》2016年12月9日。

⑤ 《用新时代中国特色社会主义思想铸魂育人　贯彻党的教育方针落实立德树人根本任务》，《人民日报》2019年3月19日。

重要性，突显出教师在教育对象思想形成中的重要地位，充分体现党和国家对教师地位的重视。"本源""筑梦人""灵魂工程师""关键"等用词贯穿于习近平关于教师地位的系列论述，是党和国家对教师在教育中主体地位的确认。通过党和国家对教师主体地位的公开确认和论述，能够增强教育者在思想政治教育中作为主体的信心，增进他们对自身主体地位的认知，激发主体意识。

第二，教师职责论。"教书育人"是新时代习近平对教师职责论述的原点。2014年习近平在同北京大学师生座谈会上的讲话指出"教师要时刻铭记教书育人的使命"①。新时代党中央对育人队伍职责定位是做到教书和育人相统一，这也是习近平在教师师德建设时提到"四个相统一"②中的第一个。其中，"教书"是教师最基本的职责，2018年习近平在全国教育大会上用"三传播""三塑造"概括新时代教师的重任，其中，三传播是"传播知识、传播思想、传播真理"③，即"教书"作为教师最基本的职责，在新时代表现为教授学生知识、思想和真理，体现新时代党和国家对教师"教书"内容的定义在于不仅教授专业知识，还要使教育对象掌握知识中的思想内涵，引导教育对象形成独立思考、掌握求真知的能力；同时，"育人"也是新时代党中央对育人队伍职责的另一个要求，这一要求也回应了习近平提出的"三塑造"："塑造灵魂、塑造生命、塑造新人"④，即新时代的育人队伍要在教书的基础

① 《青年要自觉践行社会主义核心价值观——在北京大学师生座谈会上的讲话》，《人民日报》2014年5月5日。
② "四个相统一"：指坚持教书和育人相统一，坚持言传和身教相统一，坚持潜心问道和关注社会相统一，坚持学术自由和学术规范相统一。
③ 《坚持中国特色社会主义教育发展道路 培养德智体美劳全面发展的社会主义建设者和接班人》，《人民日报》2018年9月11日。
④ 《坚持中国特色社会主义教育发展道路 培养德智体美劳全面发展的社会主义建设者和接班人》，《人民日报》2018年9月11日。

上，做到为党育人、为国育才，引导学生树立正确的世界观"人生观"价值观。通过习近平在多种场合下对教师职责的论断可以看出新时代党和国家对育人队伍的重视。这种对教师职责的明确定位实际上也是明确党、国家、社会对育人队伍的角色期待，会成为激活育人队伍主体意识的重要助推力，有助于教育者主动主导作用的发挥。

第三，教师素养论。党中央对育人队伍的素质要求实际上也是角色要求的一部分。2014年习近平提出"四有"好老师的标准，号召"做有理想信念、有道德情操、有扎实学识、有仁爱之心的好老师"①，2019年在学校思想政治理论课教师座谈会上的讲话要求思想政治理论课教师要做到"六要"②。无论是"四有"还是"六要"，体现的是党和国家对育人队伍职业素养的要求，也是职业角色定位的要求，归纳起来主要涉及政治素养、道德素养及专业素养。正因为党和国家对育人队伍角色赋予重要的地位，才会对育人队伍提出相应的职业素养要求，并且这些职业素养要求的提出均是基于教育者如何发挥主体作用的角度。教师只有树立正确的政治信仰才能够坚持正确的政治主导，教师只有具备高尚品德才能让教育对象信服其引导，教师也只有具备专业素养才能用真理力量感召教育对象，发挥主动主导作用。

另一方面，十八大以来相关的育人队伍建设制度，是教育者主动主导作用发挥的保障。

党的十八大以来，党和国家将育人队伍建设作为重要的工程，出台了相关的队伍建设制度，为教育者主动主导作用的发挥提供了有力的保障。2018年中央颁布《中共中央国务院关于全面深化新时代教师队伍建设改革的意见》明确育人队伍建设的意义和总体要求，为教师队伍相关

---

① 《做党和人民满意的好老师》，《人民日报》2014年9月10日。

② "六要"："政治要强，情怀要深，思维要新，视野要广，自律要严，人格要正。"

保障政策和制度的指定提供方向指导，从"确保方向、强化保障、突出师德、深化改革、分类施策"①强调新时代教师队伍建设改革的基本原则。具体而言，十八大以来党和国家对育人队伍主体作用发挥的制度保障主要体现为以下三个方面。

第一，确保方向。新时代的育人队伍始终坚持党领导和把关作用，确保党掌握育人队伍建设的领导权，这对于育人队伍在发挥主导作用方面是一种明确的政治方向保障。比如目前在高校中将党委书记作为教师思想政治工作的第一责任人，注重"选优配强教师党支部书记……定期开展教师党支部书记轮训"②，有利于教师在育人活动中发挥鲜明的政治主导性。

第二，强化保障。党的十八大以来，党和国家对思想政治教育育人队伍在工作考核、职称评聘、编制标准、经费保障等方面颁布相关的制度，增强育人队伍的获得感，强化了相关保障。如2020年1月教育部颁布的《新时代高等学校思想政治理论课教师队伍建设规定》、2019年10月教育部等五部门印发《关于加强新时代中小学思想政治理论课教师队伍建设的意见》、2017年10月新修订《普通高等学校辅导员队伍建设规定》等，通过相关的制度意见强化对育人队伍主体地位的保障。

第三，突出师德建设。新时代党和国家重视育人队伍的思想政治素质和职业道德水平，将师德师风建设放在突出位置。在十九大报告中强调"加强师德师风建设，培养高素质教师队伍，倡导全社会尊师重教"③，说明师德建设是打造高素质育人队伍，是全社会营造尊师重教

---

① 《中共中央国务院关于全面深化新时代教师队伍建设改革的意见》，北京：人民出版社2018年版，第4—5页。

② 《中共中央国务院关于全面深化新时代教师队伍建设改革的意见》，北京：人民出版社2018年版，第7页。

③ 习近平：《决胜全面建成小康社会　夺取新时代中国特色社会主义伟大胜利——在中国共产党第十九次全国代表大会上的报告》，北京：人民出版社2017年版，第46页。

氛围的重要前提。党和国家既在思想层面重视师德建设，也在机制方面不断健全师德建设的长效机制，如不断完善创新宣传机制，教育部通过在全国教育系统开展各类先进个人或集体的评选活动实现师德建设的教育宣传，营造氛围；如规范师德建设监督机制、师德考核机制、师德建设保障机制等，从机制上推进师德建设。党和国家突出师德建设，一方面有利于尊师文化体现在各级党委、政府的治理工作实践中，有利于营造全社会尊师重教的氛围，能够增强教师作为主导主体的职业荣誉感和获得感，激发其主动承担育人任务的意识，促进主体作用的发挥；另一方面，突出师德建设是突出教育者的政治态度和职业道德，教育者只有坚持正确的政治态度，具备崇高的职业道德，才能正确地引领和引导受教育者，才能为党和国家培育时代新人。

二、新时代意识形态建设工作的加强

意识形态性是思想政治教育主导性的本质。党的十八大以来，党和国家在思想上重视意识形态建设，也在实践中出台各种制度着力于意识形态影响力的提升，这是巩固和加强新时代主流意识形态的重要举措。新时代党和国家在思想层面的重视和实践层面对意识形态建设的加强，突出主导性的本质要求，为意识形态性在新时代思想政治教育主导性中的强化提供发展平台。

第一，强调掌握意识形态工作领导权，突出社会主义意识形态的战略地位。党的十八大以来，党和国家高度重视意识形态工作，提出必须牢牢掌握意识形态工作领导权，突出社会主义意识形态的战略地位。进入新时代，党中央明确指出意识形态工作能否做好关乎"党的前途命运""国家长治久安""民族凝聚力和向心力"[1]。因此，党中央强调

---

① 中共中央宣传部编：《习近平总书记系列重要讲话读本（2016年版）》，北京：人民出版社2016年版，第193页。

必须牢牢掌握意识形态工作的领导权、管理权和话语权。首先，党对意识形态领导权的重视是根本。党的十八大以来，"党是领导一切的"的命题不断被提出强化。中国共产党的领导是中国特色社会主义最本质的特征，意识形态关乎党、国家和民族的命运，必然要处于党的领导中。同时，党和国家从中国特色社会主义进入新时代，处于实现中国梦的关键时期，突出掌握意识形态领导的关键性，通过党管意识形态，发挥社会主义意识形态的凝聚功能，激发全体人民实现中国梦的斗志和信心。其次，党对意识形态的管理权是突出"党管意识形态"的要求。党必须掌握意识形态领导权，是新中国成立以来共产党的主要经验。同时，进入新时代，党中央再次突出要在意识形态管理中强化共产党的领导，具体表现在各级地方党委对意识形态的阵地管理和队伍建设。首次通过党内法规明确意识形态管理制度层面的要求，并将《党委（党组）意识形态工作责任制实施办法》与《中国共产党巡视工作条例》相结合。同时，"党管意识形态"还表现在党中央重视全面从严治党，先后出台党内系列重要法规，着力解决党内意识形态管理问题。再次，党的十八大以来，党中央重视社会主义意识形态话语体系的创新。习近平提出要构建具有中国特色的哲学社会科学，坚持马克思主义在哲学社会科学领域的指导地位。"构建具有自身特质的学科体系、学术体系、话语体系"①，特别是在中国日益对外开放的新时代，党中央提出要讲好中国故事、传播好中国声音，构建对外话语体系，掌握国际意识形态传播的主动权。同时，习近平多次强调要重视网上正面宣传，建设网络强国，占据国内话语宣传的主阵地，充分体现新时代党中央重视意识形态话语权的掌控。

第二，在实践中强化意识形态，着力于意识形态凝聚力和吸引力

---

① 《在哲学社会科学工作座谈会上的讲话》，《人民日报》2016年5月19日。

的提升。进入新时代，党和国家也从多个方面着力提升社会主义意识形态影响力，这有利于其引领实效的提高，也为新时代思想政治教育主导性的发展创造相关机遇。"建设具有强大凝聚力和引领力的社会主义意识形态"①，为实践中加强意识形态建设提供路径指导，归纳起来涉及理论引领、阵地建设及意识形态工作责任制。首先，坚持理论引领，提升理论阐释力。党和国家在实践中推进意识形态建设，表现在坚持以马克思主义理论引领为抓手，着力于马克思主义与中国实际、时代背景及人民群众相结合，着力于新时代党中央治国理政思想理论宣传阐释的推进。马克思主义理论既是在意识形态建设中的重要支撑，也是一面重要的方向旗帜。中国共产党在革命建设、改革、开放中坚持以马克思主义为指导，克服一系列困难取得辉煌的成就。正如毛泽东所指出的"指导我们思想的理论基础是马克思列宁主义"②，十九届四中全会从根本制度的角度强调马克思主义的指导地位，用制度形式再次明确它在意识形态领域的指导地位；与此同时，用中国特色社会主义理论凝聚共识，不断加强理论武装，直面现实问题，面对非马克思主义的谬论敢于发声，用鲜明的现实例子进行批驳，提升理论阐释力。其次，强化阵地建设，坚持舆论导向。党的十九大报告指出"坚持正确舆论导向，高度重视传播手段建设和创新"③，阵地建设是舆论导向的重要依托，党和国家在新时代不断强调要增强阵地意识，融合运用传统媒体和新型媒体进行舆论引导。新时代党中央着力于"四大思想理论工作平台"建设，开展关于马克思主义的研究和建设工作。习近平强调"要增强阵地意识，加强

---

① 习近平：《决胜全面建成小康社会　夺取新时代中国特色社会主义伟大胜利——在中国共产党第十九次全国代表大会上的报告》，北京：人民出版社2017年版，第41页。

② 《毛泽东文集》（第6卷），北京：人民出版社1999年版，第350页。

③ 习近平：《决胜全面建成小康社会　夺取新时代中国特色社会主义伟大胜利——在中国共产党第十九次全国代表大会上的报告》，北京：人民出版社2017年版，第42页。

阵地管理……确保宣传思想工作领导权牢牢掌握在忠于党和人民的人手里"①。一方面是加强传统阵地建设,通过提高党政宣传部门的政治思想素质和思想理论水平进而确保舆论引导的方向。另一方面是注重新型宣传阵地的建设,尤其是全媒体时代中新媒体宣传阵地的建设和监管。习近平指出"全媒体不断发展,……信息无处不在、无所不及、无人不用"②。党和国家主张宣传部门提升网络管控能力,强化主动思维,清朗网络空间。再次,加强制度保障,落实意识形态工作责任制。党的十八大以来,习近平在多个场合强调各级党委是意识形态工作的第一责任人,强调各级党委主要负责人要带头抓意识形态工作。党中央也出台了相关的法规制度落实意识形态工作责任制,如《中国共产党党内监督条例》《党委(党组)意识形态工作责任制实施办法》等,不断推进意识形态工作责任制的制度执行。

三、新时代社会主义核心价值观主导性的强化

从多样性与统一性的关系看,坚持社会主义核心价值体系的一元统领是思想政治教育主导性的内涵之一。从国家发展的角度看,新时代的历史方位是处于中国梦及"两个一百年"奋斗目标实现的重要时间节点,需要凝聚共识、统一思想,团结一切力量为中国梦的实现而奋斗;从社会发展的角度看,社会主要矛盾发生了转变,不平衡不充分发展制约人民美好生活需要的实现,人民需要呈现多样化多层次的特点,发展的不平衡不充分问题也日益凸显。因此,中国特色社会主义开启新的发

---

① 中共中央宣传部编:《习近平总书记系列重要讲话读本(2016年版)》,北京:人民出版社2016年版,第196页。

② 《推动媒体融合向纵深发展 巩固全党全国人民共同思想基础》,《人民日报》2019年1月26日。

展阶段，在这一阶段中强化社会主义核心价值观的主导尤为必要。党的十八大以来，一方面明确了新时代社会主义核心价值观的战略定位，强化突出其主导作用，另一方面明确新时代培育社会主义核心价值观的培育路径，有利于引领作用的发挥，这是核心价值观主导性强化的突出表现。党和国家对社会主义核心价值观主导性的强化为一元导向的突出创造了发展机遇。

（一）在战略定位上强化社会主义核心价值观的主导性

党的十八大以来，以习近平同志为核心的党中央从理论以及实践角度明确新时代背景下社会主义核心价值观的战略定位，强化其主导作用。

第一，突出社会主义核心价值观对思想道德的主导性。习近平指出"核心价值观，既是个人的德，也是一种大德"[1]，核心价值观的培育是社会主义道德的基石。十八大报告用三个"倡导"对社会主义核心价值观进行概括，是对国家社会个人的基本道德遵循和思想道德发展方向的明确；习近平用"人生第一颗扣子"强调在人的思想品德形成中核心价值观的关键影响；党的十九大报告强调社会主义核心价值观在凝聚社会共识方面具有重要作用。

第二，指明中国文化软实力建设的灵魂核心是社会主义核心价值观。党的十八大以来，将社会主义核心价值观视为文化软实力的灵魂和重点。文化的本质是价值观，文化的传播是价值观的传播。因此党和国家强调社会主义核心价值观的生命力、凝聚力、感召力决定了中国在国际上的文化软实力，决定中国在国际传播中的影响力，党和国家强调"要坚持走中国特色社会主义文化发展道路，深化文化体制改革"[2]。

---

① 《青年要自觉践行社会主义核心价值观》，《人民日报》2014年5月5日。

② 习近平：《习近平谈治国理政》（第1卷），北京：外文出版社2018年版，第160页。

第三，强调社会主义核心价值体系在中国特色社会主义发展实践中的主导作用。党的十九大报告将"坚持社会主义核心价值体系"作为方略之一进行阐述，强调社会主义核心价值体系的重要作用。通过社会主义核心价值观的引领，发挥社会主义核心价值观整合社会意识、维护社会秩序有效运转的作用；通过社会主义核心价值观的培育，构建中国特色的价值体系，促进国家治理现代化的实现。

（二）在培育路径上发挥社会主义核心价值观的引领功能

围绕党的十八大以来党和国家发展面临的新的国内外环境，习近平在多个场合提到社会主义核心价值观落细、落小、落实的实现要求和维度，指明了新时代社会主义核心价值观的培育路径，有利于发挥核心价值观的引领作用，在价值取向多样、利益需求多元的社会中为社会主义核心价值体系的一元导向创造了发展机遇。

第一，从培育对象的角度看，明确要立足社会主义核心价值观的着眼点，区分层次、突出重点。党的十九大报告明确指出培育和践行社会主义核心价值观，"要以培养担当民族复兴大任的时代新人为着眼点"[①]，党的二十大报告强调"用好红色资源，深入开展社会主义核心价值观宣传教育"[②]，社会主义核心价值观的培育不能离开实现中国梦的语境、实现社会主义现代化强国的目标及中国日益走向世界舞台中央所面对的国际环境，并且人是其中最重要的主体因素。培育时代新人也就契合了新时代的要求，成为社会主义核心价值观培育的着眼点。习近

---

① 习近平：《决胜全面建成小康社会 夺取新时代中国特色社会主义伟大胜利——在中国共产党第十九次全国代表大会上的报告》，北京：人民出版社2017年版，第42页。

② 习近平：《高举中国特色社会主义伟大旗帜 为全面建设社会主义现代化国家而团结奋斗——在中国共产党第二十次全国代表大会上的报告》，北京：人民出版社2022年版，第44页。

平对社会主义核心价值观的培育对象提出了具体的要求。首先，习近平
强调在践行社会主义核心价值观上领导干部要发挥示范作用，他认为
"领导干部要努力成为全社会的道德楷模，带头践行社会主义核心价值
观……以实际行动带动全社会崇德向善、尊法守法"①；其次，从娃娃
做起，从学校做起。青少年时期是"拔节育穗"期，青少年是社会主义
核心价值观培育的重点对象。针对青年和儿童的具体特点，习近平提出
不同的培育要求。对于青年，在社会主义核心价值观的培育上要做到：
"勤学""修德""明辨""笃实"。②对于少年儿童，则是"做到记
住要求、心有榜样、从小做起、接受帮助"③。

　　第二，从培育机制看，主张做到"教育引导、实践养成、制度保
障"④。首先，习近平强调社会主义核心价值观培育要从学校抓起，做
到社会主义核心价值观"进教材、进课堂、进头脑"，把社会主义核心
价值观教育融入学校各级各类课程；其次，要将社会主义核心价值观融
入社会生活的各个方面，在实践中养成，使社会主义核心价值观成为人
们的日常生活遵循。习近平指出社会主义核心价值观作用的发挥"必须
融入社会生活，让人们在实践中感知它、领悟它"⑤，在细小方面产生
影响。最后，强化制度保障。习近平从政策导向、法律建设、社会管理
三个方面提出社会主义核心价值观培育的制度保障，通过政策导向形成

————————

　　①　《持依法治国和以德治国相结合　推进国家治理体系和治理能力现代化》，《人民日报》2016年12月11日。

　　②　习近平：《习近平谈治国理政》（第1卷），北京：外文出版社2018年版，第172—173页。

　　③　习近平：《习近平谈治国理政》（第1卷），北京：外文出版社2018年版，第183—184页。

　　④　习近平：《决胜全面建成小康社会　夺取新时代中国特色社会主义伟大胜利——在中国共产党第十九次全国代表大会上的报告》，北京：人民出版社2017年版，第42页。

　　⑤　习近平：《习近平谈治国理政》（第1卷），北京：外文出版社2018年版，第165页。

有利于社会主义核心价值观培育的政策氛围，通过法律促进社会主义核心价值观的建设，通过社会管理促使"符合核心价值观的行为得到鼓励、违背核心价值观的行为受到制约"[①]。

第三，从培育载体看，强调社会主义核心价值观的培育要发挥中华优秀传统文化的涵养功能。习近平在多个场合强调中华优秀传统文化与核心价值体系之间的密切关系，他指出"坚守我们的核心价值观，必须发挥文化的作用"[②]。中华优秀传统文化是中华民族的基因，影响中国人民的思想行为方式，通过中华优秀传统文化的创造性转化和创新性发展，使之成为社会主义核心价值观的重要思想源泉。

综上，新时代党中央通过思想层面对社会主义核心价值观的重视及在具体实践中对核心价值观培育路径的明确，为社会主义核心价值观主导性在新时代的强化创造了发展机遇，从一元主导维度为思想政治教育主导性在新时代的发展创造了机遇。

---

① 习近平：《习近平谈治国理政》（第1卷），北京：外文出版社2018年版，第165页。

② 习近平：《习近平谈治国理政》（第1卷），北京：外文出版社2018年版，第106页。

第二节　新时代思想政治教育主导性的时代挑战

　　新时代党中央对思想政治教育的重视为主导性的发展提供了机遇，而新时代所带来的时代特点，如全媒体时代带来的变化，如历史方位的转变以及社会现代化发展带来的问题等也是新时代思想政治教育主导性面临的挑战。

一、全媒体时代对教育者主导地位的冲击

　　20世纪90年代，我国开始打开互联网时代的大门，互联网技术开始改变人们的工作和生活模式。进入21世纪，随着淘宝、支付宝、QQ、人人网等平台的开发和兴盛，我国开始进入互联网社交时代。伴随着4G技术的发展，微信、微博、抖音等介质的兴起，移动互联网彻底融入人们日常生活。尤其是进入新时代，我国的5G技术发展位于世界前列，大数据等信息技术和媒体平台也进入加速发展阶段，以网络信息技术的发展作为基础的新媒体传播的影响将越来越大，每个人均可成为传播的信息源，这标志着我国进入全媒体时代。关于全媒体发展对信息传播所带来的影响，2019年1月习近平指出"全媒体不断发展……信息无处不在、无所不及、无人不用"[1]，信息传播方式和格局也不断变化。

---

　　①　《推动媒体融合向纵深发展　巩固全党全国人民共同思想基础》，《人民日报》2019年1月26日。

随后，习近平也指出"推动媒体融合发展、建设全媒体成为我们面临的一项紧迫课题"①。全媒体的发展并不是新旧媒体之间此消彼长的关系，而是两者之间的深度融合，实现信息传播的多渠道，媒体多维度的融合，带来了信息传播新的特点和途径，使思想政治教育主导性面临着新的挑战。尤其是全媒体时代人人均可成为传播者、人人均可成为信息源，信息可以突破时空的束缚、实时无差别的传输更是对思想政治教育主导性中教育者的主导地位形成冲击。

第一，教育者对教育对象的主导关系受到全媒体的冲击。在教育价值关系中，教育者是实践主体，其主导性是实施主导性，教育对象作为受动主体，其主导性是接受主导性。从教育价值关系的角度看，思想政治教育主导性是教育者主动主导到教育对象接受主导的闭环呈现，主导成效的发挥必须以教育者主动主导作用的发挥为前提。而全媒体时代突出"全程、全息、全员、全效"四全特征，其中以"全息"和"全员"为典型代表对教育者与教育对象的主导关系产生了一定的冲击。首先，"全息"以技术载体维度突出全媒体时代的立体传播，即信息通过声音、文字、视频、图片等形式立体呈现，通过电视、广播、报纸等传统媒介与微信、微博、抖音等新兴载体深度融合传播，从信息和知识获取途径角度看，教育对象可以绕开教育者课堂传授的传统途径获取知识；从信息和知识获取的内容看，教育对象通过全息媒体可以便捷高效地获得更为丰富的教育资源。教育者对教育对象之所以具备主动主导引领的作用，其中很重要的一点在于教育者相对于教育对象而言具有知识权威，而在全息媒体的即时信息共享中，教育者的知识权威受到挑战和冲击。其次，"全员"是全媒体时代的主体维度。在全媒体时代中，人人都有麦克风，人人都是发声者，人人都是信息源。尤其是随着网络信息

---

① 《加快推动媒体融合发展　构建全媒体传播格局》，《人民日报》2019年3月16日。

技术的发展，信息在移动互联网终端传播的门槛降低，每个人都可以作为信息的传播者甚至是知识的传授者和普及者，即"全员"媒体中教育者与教育对象之间明显的主客界限开始模糊，教育者对教育对象的"我说你听"的单向一元主导模式受到解构，对于教育者而言，在"全员"媒体中如何能够在多元互动的信息传播中占据主导地位发挥价值引领作用是一种必须直视的挑战。

第二，教育者的主导话语受到全媒体的影响。教育者对教育对象的主导地位也表现在教育者占据话语主导权，话语主导权有两个方面的内容，一个是教育者掌握引领发声权，另一个是教育者掌握话语作用力。在单向的传播中，传播者由于掌握信息的来源，因此天然处于传播的核心，占据主动权。在传统的单向传播中教育者处于传播的中心，天然地掌握引领话语的发声权，"说什么""如何说"，教育者能够自如地掌握，所发出的话语也能够得到教育对象的关注。但是，在全媒体时代，"四全"特性的存在，教育对象既可以掌握话语的发声权，也能够更加精准地获得自己所需的信息，而对于他们不感兴趣的信息会选择无视。因此，教育者如何利用"四全"特征，既确保掌握话语权又提升话语力，是全媒体时代教育者发挥主导作用必须思考的问题。

第三，教育者对教育对象的主导内容受到全媒体的冲击。教育者对教育对象的引领和引导主要通过主导内容进行。全媒体时代，信息传播门槛降低，部分低俗的甚至与主导内容相对立的内容也充斥在媒体中；同时，"全程"媒体的存在使得传播内容是实时同步的，突破空间和时间的限制，受众面极大地增长。尤其是"全效"特征，"是通过多种传播载体与信息技术应用，给用户更广泛的体验认识和释放更强大的效能"[1]，"全效"能够通过云计算和大数据精准推送受众感兴趣的内

---

① 李礼：《构建全媒体时代宣传思想工作新格局探赜》，《思想理论教育》2020年第2期，第102页。

容。因此，在全媒体时代，如何提高主导内容的感召力和吸引力，发挥内容的主导效能也是教育者主导作用发挥面临的挑战之一。

二、历史方位转变对意识形态管理的新要求

新时代是我国社会主义发展新的历史方位。历史方位指客观事物在发展过程中所处的特定位置，也是事物在发展过程中所处时间和空间的总称。党的十八大以后，中国面临新的历史方位，即中国在历史发展中所处的位置发生了变化。党的十九大报告从中华民族发展的角度、科学社会主义发展的角度以及中国在国际发展的角度，用三个"意味"界定中国特色社会主义进入新时代。这三个角度也标明了十八大以来中国历史方位发生转变的视角。

党的十八大以来所取得的历史性成就和历史性变革表明中华民族处于历史发展上新的历史方位；十八大以来中国特色社会主义理论的创新和发展，彰显了它的蓬勃生机，其在世界的发展进程也表明新时代以来中国在世界社会主义发展史上的新的历史方位；党的十八大以来，中国为世界解决人类问题贡献中国智慧和中国方案，中国日益走向国际舞台的中央，彰显了中国的世界担当诉求，表明十八大以后中国在世界现代化发展史上新的历史方位。

新时代思想政治教育主导性发展的本质是要突出社会主义意识形态，即要牢牢掌握意识形态的领导权。"意识形态管理是意识形态领导权与话语权的具体实现方式"[①]，意识形态管理的本质是为了突显社会主义意识形态的主导地位，通过各种管理手段实现主流意识形态对非主流意识形态的引领。意识形态管理是一个动态过程，新时代历史方位的

---

① 李超民：《牢牢掌握新时代意识形态工作管理权》，《学术论坛》2019年第2期，第76页。

转变对意识形态管理提出了新的要求。

第一，从民族复兴的角度看，新的历史方位对意识形态管理主体提出新的要求。意识形态管理的目的是要维护统治阶级的利益。对于中国而言，意识形态管理就是为了维护最广大人民群众的利益，这就决定了社会主义意识形态管理的最高主体是广大人民群众，中国共产党及各级政府机关是人民授权委托下的直接管理主体。新时代意味着中国人民处于比以往任何时期更接近中国梦实现的历史方位，而习近平在十九大明确指出"中华民族伟大复兴，绝不是轻轻松松、敲锣打鼓就能实现的。全党必须准备付出更为艰巨、更为艰苦的努力"[①]。在这一背景下，党的十九大也调整了社会主要矛盾转化的判断，这也是新的历史方位转变的时代标识。在民族复兴的道路上，必须凝聚广大人民的共识，而新时代人民的需求从原来不断增长的物质文化需求转为美好生活的需求，体现的是人民需求多样化和层次化的转变，需求的背后涉及价值观的问题。因此，对于意识形态管理最高主体的人民而言，首先面临的挑战是多样化需求中如何增强意识形态认同，因为意识形态认同危机会削弱主流意识形态的主导力，影响社会主义意识形态的权威；而对于意识形态管理的直接主体而言，则必须在人民群众美好生活需要满足受社会不平衡不充分发展约束中引导人民群众树立正确的价值观和需求观，尤其是在人民群众需求无法得到满足而产生抱怨甚至仇富心理时进行正确引导。极端心理和情绪极易被别有用心的人加以利用，如有的学者指出这些人会"将孤立突发事件和民生热点问题泛政治化、泛意识形态化"[②]，这一问题在中华民族实现从富起来到强起来飞跃过程

---

① 习近平：《决胜全面建成小康社会　夺取新时代中国特色社会主义伟大胜利——在中国共产党第十九次全国代表大会上的报告》，北京：人民出版社2017年版，第15页。

② 王娟：《提升新时代社会主义意识形态凝聚力和引领力论略》，《思想理论教育导刊》2020年第2期，第128页。

中，在全面深化改革持续推进触及体制或利益时会更为突出，对这一问题能否有序引导直接关系能否凝聚共识实现民族复兴。因此，对意识形态管理直接主体的引导能力、甄别能力和管理能力提出了极大的挑战。

第二，从科学社会主义发展的角度看，新的历史方位对意识形态管理内容提出新的要求。中国特色社会主义进入新时代，彰显出科学社会主义在新时代的中国焕发出生命力，有力驳斥"历史终结论"和"马克思主义过时论"。马克思主义认为，意识形态趋同于统治阶级的思想体系。因此，伴随着社会制度划分为资本主义制度和社会主义制度，意识形态领域会出现资本主义意识形态与社会主义意识形态的对立，意识形态的作用愈发被重视。西方霸权主义国家将意识形态渗透作为他们攻击社会主义制度的隐蔽武器，利用意识形态传播他们的思想价值观念。在20世纪苏联解体东欧剧变后，西方资产阶级不断传播"社会主义过时论"的声音，美国学者福山更是鼓吹人类历史除了资本主义和自由制度外，没有其他进化可能，但是中国特色社会主义进入新时代却突显出科学社会主义的生命力。与此同时，资本主义也将这种生命力视为对其制度的威胁，一方面是利用媒体传播的渗透性和隐蔽性，不断宣传西方宪政民主、普世价值、新自由主义等非马克思主义和反马克思主义思想；另一方面，不断"污名化"中国，制造"中国威胁论""中国霸权论"，利用社交媒体化的特点，集结"污名化"中国的势力，并编造事实不断地持续发酵"污名化"中国的声音，甚至"散布传播'抗争理论'，勾结培植'内应力量'，煽动所谓'公民运动'和'街头政治'，极力策动'颜色革命'"[1]。因此，从意识形态内容管理的角

---

① 王娟：《提升新时代社会主义意识形态凝聚力和引领力论略》，《思想理论教育导刊》2020年第2期，第128页。

度，如何对这些危害社会主义意识形态主导地位的内容进行批判，尤其是进行主动的反击是一个挑战；在中国特色社会主义发展新的起点上，如何整合创新意识形态内容，在人民群众中广泛宣传习近平新时代中国特色社会主义思想也是意识形态内容管理面临的重大挑战。

第三，从中国日益走向世界舞台中央的角度看，意识形态管理环境发生了变化，意识形态管理也面临着新的要求。中国特色社会主义进入新时代，中国发展所取得的成就及开展的全方位变革，拓展了其他发展中国家向现代化发展的路径选择，中国也为人类问题的解决贡献了中国智慧和中国方案，中国日益走向国际舞台中央，意识形态管理的环境也发生了相应的变化。意识形态管理环境指的是"影响意识形态管理运行、意识形态管理活动和意识形态管理主体和客体思想和行为的一切内外部因素的总和"①。一方面是西方社会思潮借助中国开放的大门不断涌入，意识形态管理环境不再是改革开放前单一的社会环境，管理主体面临如何在多样化社会思潮传播渗透中开辟有利于社会主义意识形态正能量传播的环境挑战；另一方面，随着中国在国际社会中的影响力不断加强，如何创造有利于中国发展的国际舆论环境也是意识形态管理环境变化带来的挑战。习近平曾指出当前开展宣传思想工作要"引导人们更加全面客观地认识当代中国、看待外部世界"②。怎样用具有中国特色又具有国际视野的话语体系、话语方式传播中国故事、中国声音，为意识形态管理创造有利的国际舆论环境也是中国在新历史方位下所面临的挑战。

---

① 王永贵：《马克思主义意识形态理论与当代中国实践研究》，北京：人民出版社2013年版，第332页。

② 《习近平关于社会主义文化建设论述摘编》，北京：中央文献出版社2017年版，第197页。

三、社会发展对主导成效的影响

新时代是"决胜全面建成小康社会、进而全面建设社会主义现代化强国的时代"[①]，实现社会主义现代化是发展中国特色社会主义的总任务之一。现代化既是社会发展的目标，也是社会发展的一个动态过程。这个动态过程既有现代化带来的经济社会的发展成就，也有伴随现代化发展过程中利益关系调整、西方意识形态渗透、生活方式冲击等而来的思想层面的问题。随着社会现代化发展，现代性也伴随而生，西方学者认为现代性是现代社会或工业文明的代言词，我国学者则认为现代性是"揭示现代化对人的精神和文化的批判"[②]，并指出思想政治教育是社会的一部分，必然也遭遇现代性。现代性具有矛盾维度，既有现代化所带来的发展机遇，也有现代化发展所带来的问题。思想政治教育遭遇现代性即思想政治教育在现代化发展中既获得经济、社会、文化、政治发展的支持，同时也面临着社会现代化发展过程伴随而来的挑战和影响。一元主导是思想政治教育在多样性与统一性关系处理中的突出特性，社会现代化发展过程的问题也在一定程度上影响一元主导成效的发挥。

第一，多变性对一元主导内容稳定性的干扰。"变化是现代社会的根本特征，也是现代化和现代性的根本特征"[③]。思想政治教育主导性是在多元价值取向中坚持社会主义核心价值体系的一元导向。在党的十八大首次提出"三个倡导"的社会主义核心价值观，是对社会主义核心价值体系的凝练表达，体现社会主义核心价值体系的根本特征。因此，一元主导的方向是确定的，一元主导的内容是稳定的。而在现代化

① 习近平：《决胜全面建成小康社会　夺取新时代中国特色社会主义伟大胜利——在中国共产党第十九次全国代表大会上的报告》，北京：人民出版社2017年版，第11页。

② 孙其昂：《思想政治教育学前沿研究》，北京：人民出版社2013年版，第230页。

③ 孙其昂：《思想政治教育学前沿研究》，北京：人民出版社2013年版，第244页。

社会中，一元主导内容不仅受到多元文化和社会思潮的干扰，同时，在现代化发展中社会快速发展使人们的需求也处于不断地发展变化中，社会发展需要呈现多元多变的发展特点。从传播接受论的角度看，传播的信息必须满足受众的需求才能引起受众的注意。因此，社会发展需要及人们需求的多变性，要求教育内容也要能快速跟上变化的节奏，一元主导内容的稳定性也就受到多变性需求的干扰，如何在以变化为特征的现代化发展中，保持稳定的一元主导内容与多变社会需求之间的相对平衡是坚持社会主义核心价值体系一元主导面临的挑战。

第二，多元化对一元主导权威的冲击。个人意识的觉醒是现代化发展中的重要内容，强调个人的独立意识和自主意识，伴随而来的是每个人都是主体，都有自己的想法和意识。尤其是现代化过程中，市场经济体制的不断完善发展，"社会主体对自我利益的兴趣表达得淋漓尽致"[1]，人们对意识形态的认同更多是出于利益立场的考虑。思想高度统一的传统政治氛围被解构、多元化的政治诉求和政治表达突出，一元主导权威受多元诉求的冲击，"核心价值关于人类社会发展规律的揭示在多元化的评价标准面前变得缺乏表现力"[2]，长此以往容易导致个体只关注自身的发展，而对于社会事务参与度不高，不利于社会共识的形成与凝聚，这必然会影响人们对社会主义核心价值体系这一共同价值导向的认可，尤其在部分社会现象中存在的理论与实践的脱节问题，书本与现实的反差问题更是容易导致思想政治教育信任危机的出现，这对社会主义核心价值体系赖以存在的公共性是一种影响和冲击。因此，党和国家所倡导的社会主义核心价值体系如何在这样的背景下获取理性权

① 胡伯项等：《我国现代化进程中意识形态安全问题研究》，北京：人民出版社2017年版，第173页。
② 孟凡辉、胡晓红：《思想政治教育公共性的内涵及其构建》，《思想政治教育研究》2019年第5期，第83页。

163

威，如何凝聚共识，如何获得感召力，得到社会群众的普遍认同，是一元主导中所面临的迫切问题。

第三，娱乐化对一元主导成效的挑战。在现代社会，人们愈发重视娱乐所带来的快乐感受，在快节奏的现代化生活中人们将娱乐作为一种减压方式。随着现代信息科技的发展，娱乐化伴随移动互联网终端传播成为一种流行的趋势，公众话语、文化产品不断以娱乐的方式出现，甚至成为一种文化精神。娱乐化成为人们的永恒追求，甚至娱乐方式也渗透在思想政治教育中，出现"泛娱乐"现象。为了活跃思想政治理论课的课堂氛围，在课堂教学上不是遵循内容为王，而是过度依赖视频图片；不是注重对教育对象的思想引领，而是注重受教育者的感官娱乐体验；甚至为了满足受教育者的娱乐需求，博得教育对象的喜爱，在思想政治教育中戏说理论原理，使思想政治教育陷入庸俗化、媚俗化、边缘化。因此，在娱乐化成为流行趋势下，社会主义核心价值体系的一元主导成效应该如何发挥？如何既借助新媒体技术增强理论的感召力，发挥主导性，又必须发挥价值引领作用，避免庸俗化和媚俗化，这是社会现代化发展中新时代思想政治教育主导性发展的挑战之一。

第七章

新时代思想政治教育主导性的评价反馈

　　思想政治教育主导性评价是对思想政治教育主导性的效果进行评判。主导性评价也是新时代思想政治教育主导性强化的实践构成，为新时代思想政治教育主导性的发展调整提供参考。

　　评价具有四种基本功能，分别是"判断功能、预测功能、选择功能和导向功能"[①]，明确新时代思想政治教育主导性评价问题对于新时代思想政治教育主导性的发展具有重要的意义。新时代思想政治教育主导性评价必须分析新时代思想政治教育主导性的评价实质与特点，围绕新时代思想政治教育需求的变化探讨新时代思想政治教育主导性的评价标准，解决思想政治教育主导性成效如何评价的问题。

---

　　① 冯平：《评价论》，北京：东方出版社1995年版，第2页。

第一节　新时代思想政治教育主导性评价的实质特点

　　"马克思列宁主义之所以是科学，因为它总是叫人类认识世界的本来面目，认识事物的实质，而不被各种纷纭的、缺乏真实基础的、虚张声势借以吓人的假象所迷惑"①。可见，要对新时代思想政治教育主导性进行评价，必须先明确新时代思想政治教育主导性评价的实质。所谓事物的实质是事物根本性质，即对事物存在和发展起决定性影响的性质。新时代思想政治教育主导性评价是评价主体围绕新时代思想政治教育需求、依据一定的原则和标准对新时代思想政治教育主导性进行判断和评议的活动。因此新时代思想政治教育主导性评价的实质就是对新时代思想政治教育主导性质和主导程度所作出的判断和评议。

一、新时代思想政治教育主导性评价是对思想政治教育主导性的性质判断

　　新时代思想政治教育主导性的性质判断主要是对思想政治教育主导性是否具有正确的方向性、人民性、党性和能动性的判断。根据前文对主导性的定义，主导性涉及主体的能动性、系统的决定性及多样性中的统领性，而新时代思想政治教育主导性的定位是新时代思想政治教育在

---

　　① 胡乔木：《胡乔木文集》（第1卷），北京：人民出版社2012年版，第351页。

意识形态领域的一元导向性、以人民为中心的价值取向及实现中华民族伟大复兴的目标指向。因此，对于新时代思想政治教育主导性的性质判断就应该回归到主导性及思想政治教育主导性的概念上，具体包括：

（一）方向性

有学者认为思想政治教育最根本的原则是方向性原则，"指全部思想政治教育活动要始终与社会发展的要求相一致，坚持正确的政治方向不动摇"[①]。新时代思想政治教育主导性定位首要部分是思想政治教育在意识形态领域的一元导向性，因此评价新时代思想政治教育主导性的性质，首先必须判断思想政治教育主导的方向是否具有正确的方向，这种方向在于坚持中国特色社会主义方向。党的十八大以来，党领导人民出台一系列方针政策，办成了大事、解决了难题，根本原因在于坚持中国特色社会主义的正确方向。党中央也在多种场合强调要坚持中国特色社会主义道路。思想政治教育在本质上是维护占统治地位其阶级利益而开展的影响社会成员思想和行为的活动，新时代党和国家的主导目标是发展中国特色社会主义，因此评价思想政治教育主导性的性质首先要判断其是否坚持中国特色社会主义的正确方向性。

（二）人民性

新时代思想政治教育主导性的定位之一是以人民为中心的价值取向，因此人民性也成为思想政治教育主导性的性质之一，对新时代思想政治教育主导性性质的评价也必须判断思想政治教育主导性性质是否体现人民性。思想政治教育是中国共产党的传统优势，而人民性与中国共产党全心全意为人民服务的宗旨是吻合的。2019年《中共中央关于加强

---

① 陈万柏、张耀灿：《思想政治教育学原理》（第二版），北京：高等教育出版社2007年版，第206页。

党的政治建设的意见》指出"要坚持以人民为中心，立党为公、执政为民，践行全心全意为人民服务的根本宗旨，树立真挚的人民情怀，把人民放在心中最高位置，始终相信人民，紧紧依靠人民，把人民对美好生活的向往作为奋斗目标"①，这是对新时代人民性的具体阐述，也是在进行新时代思想政治教育主导性评价时应该关照的性质内容。

（三）党性

习近平在2013年宣传思想工作会议上指出"党性与人民性从来都是一致的、统一的"②，因此，判断思想政治教育主导性性质是否具有人民性，同样也应该评价其性质是否具有党性。思想政治教育主导性的本质属性是阶级性，既然思想政治教育是中国共产党的"生命线"，这种阶级性也应该表现为党性。恩格斯在《瑞士报刊》一文中指出"在大国里报纸都反映自己党派的观点，它永远也不会违反自己党派的利益"③，这也表明了党性是捍卫党派的利益，宣传党派的思想。中国共产党的党派利益是人民的利益，其党性和人民性是统一的。在对新时代思想政治教育主导性性质评价时，要关注其是否具有党性，应该按照2016年习近平在全国党校工作会议上讲话时所指出的"坚持党性原则、遵循党的政治路线，坚持以党的旗帜为旗帜、以党的意志为意志、以党的使命为使命"④。

（四）能动性

思想政治教育主导性内涵有一个重要的内容是"谁主导"，即在

---

① 《中共中央关于加强党的政治建设的意见》，北京：人民出版社2019年版，第7页。
② 《胸怀大局把握大势着眼大事　努力把宣传思想工作做得更好》，《人民日报》2013年8月21日。
③ 《马克思恩格斯全集》（第6卷），北京：人民出版社1961年版，第209页。
④ 习近平：《在全国党校工作会议上的讲话》，北京：人民出版社2016年版，第6页。

新时代思想政治教育主导性中必须明确主导主体。因此，在对新时代思想政治教育主导性的性质评价也离不开主体能动性，评价思想政治教育主导性的效果必须评价主导主体是否在思想政治教育活动中体现出主动主导的作用，正如有的学者提出的"思想政治教育者能动性的强弱，决定着思想政治教育者主导作用发挥的程度"[①]。习近平曾指出高校教师"要坚持教育者先受教育，努力成为先进思想文化的传播者、党执政的坚定支持者，更好担起学生健康成长指导和引路人的责任"[②]，这是对新时代思想政治教育者在思想政治教育活动中发挥主体能动性的要求，也是新时代思想政治教育主导性性质评价的关注点之一。

二、新时代思想政治教育主导性评价是对思想政治教育主导性的程度判断

新时代思想政治教育主导性主导程度的判断，主要涉及新时代思想政治教育主导性性质发挥程度的判断。思想政治教育主导性效果的发挥建立在思想政治教育活动上，主导性效果的发挥程度依靠思想政治教育活动的这一动态实践活动，涉及思想政治教育者、思想政治教育环境及思想政治教育对象等因素的影响，且在具体的每一项思想政治教育活动中都会有所不同。因此，即便思想政治教育主导性在性质上能够体现正确的方向性、人民性、党性及能动性，也必须检验主导程度是否符合要求，即主导程度是思想政治教育主导性评价的实质之一。关于思想政治教育主导程度涉及两个指标：广度和持久度。如思想政治教育活动的主

---

① 王明霞：《高校思想政治教育者主观能动性探究》，《中国成人教育》2008年第23期，第48页。

② 《把思想政治工作贯穿教育教学全过程　开创我国高等教育事业发展新局面》，《人民日报》2016年12月9日。

导性在坚持正确政治方向性的程度判断上，要看是否每一阶段的思想政治教育活动都能坚持这一方向性，即方向主导的持久度，以及是否在各领域中，思想政治教育活动也能坚持中国特色社会主义的正确方向。因此，2019年习近平在全国思想政治理论课教师座谈会上指出"在大中小学循序渐进、螺旋上升地开设思想政治理论课非常必要，是培养一代又一代社会主义建设者和接班人的重要保障"[①]，即思想政治教育活动方向主导性的持续和全面覆盖程度。思想政治教育是做人的工作，思想政治教育工作的对象具有思想和情感，并且这种思想也处于动态变化中。"不同的思想政治教育活动对人的影响程度不同，同一个思想政治教育活动对不同的人的影响程度也不同"[②]，以主导性的人民性程度判断为例，就必须看新时代思想政治教育主导性在满足人民发展需求的程度上，是否坚持满足人民发展需求，是否坚持覆盖全体人民。同理，判断新时代思想政治教育主导性的程度也要评价思想政治教育主导性是否始终坚持党的领导、在多大程度上体现阶级性以及评估思想政治教育主导主体能动性在思想政治教育活动中的体现程度。

三、新时代思想政治教育主导性评价与思想政治教育评价的关系

研究新时代思想政治教育主导性评价必须对新时代思想政治教育主导性评价与思想政治教育评价之间的逻辑关系进行阐述，思想政治教育主导性评价与思想政治教育评价既相互联系又有所区别。思想政治教

---

① 《用新时代中国特色社会主义思想铸魂育人　贯彻党的教育方针落实立德树人根本任务》，《人民日报》2019年3月19日。

② 教育部思想政治工作司编：《思想政治教育原理与方法》，北京：高等教育出版社2010年版，第219页。

育评价是对思想政治教育过程及效果的评估与判断，重点是对思想政治教育中党和国家发展需要及个体全面发展需求满足状况的价值判断。从评价主体看，思想政治教育主导性评价主体与思想政治教育评价主体相互重合，因为思想政治教育主导性效果的发挥依赖于思想政治教育活动的开展。从评价客体看，思想政治教育主导性的评价客体与思想政治教育评价客体部分重合且侧重点不同。思想政治教育主导性评价虽然和思想政治教育评价一样会对思想政治教育者、教育内容以及教育对象进行评价。但是思想政治教育主导性评价侧重于思想政治教育者是否体现主动主导、教育内容是否发挥引领性以及教育对象在思想和行为上是否服从党和国家的价值引领。思想政治教育评价对教育者的评估不仅是对其主动主导作用发挥的评估，还要全面评估教育者的综合素质；对教育内容的评价也不仅局限于引领性，还要评价其是否科学、是否全面系统；对教育对象的思想和行为的评估也要从他们对思想政治教育要求的内化和外化效果进行全面测评。从评价的性质看，思想政治教育评价是看其满足社会和个体发展需要的性质和程度的判断，而思想政治教育主导性评价是看思想政治教育活动过程中体现出来的党性、人民性、方向性以及能动性及这四种性质发挥的广度和持久度的判断。因此，思想政治教育主导性评价属于思想政治教育评价内容之一，新时代思想政治教育主导性评价侧重于评估新时代思想政治教育活动在社会主义意识形态的主导、以人民为中心的工作导向及实现中华民族伟大复兴目标指向上的引领和保证效果。

四、新时代思想政治教育主导性评价的特点

新时代思想政治教育主导性评价是对思想政治教育主导性性质及主导性性质实现程度的判断，根据思想政治教育主导性的性质特点及新时代

思想政治教育主导性的定位，新时代思想政治教育主导性评价除了具备一般评价的方向性、科学性、综合性、客观性等特点外，还具备以下特性。

（一）事实评价与价值评价的统一

新时代思想政治教育主导性是要发挥马克思主义在意识形态领域的一元导向，实现对多元社会思潮的正确引领；同时，坚持以人民为中心的导向，发挥思想政治教育精神动力作用，促进中华民族伟大复兴中国梦的实现。因此，新时代思想政治教育主导性评价就包括立足于社会现实的事实评价，也包括基于目标实现的价值评价。

首先，进入新时代以后，我国思想政治教育面临着新的时代形势：既有信息化时代带来的多元选择、全球化带来的多元价值渗透，也有不平衡不充分发展背景下的多重思想矛盾等。这些新形势在思想层面对马克思主义在意识形态领域的一元导向形成冲击，是新时代思想政治教育主导性所面临的现实挑战，也是新时代思想政治教育必须发挥主导性效果的现实要求。因此，对新时代思想政治教育主导性效果的评价必须是一种基于现实的评价，评判新时代思想政治教育是否能够在这些问题的解决上发挥正确的思想导向作用。其次，新时代思想政治教育主导性蕴含实现中华民族伟大复兴的目标指向，目标有激励和引领的作用，同时，目标也具有长远性和超越性。实现中华民族伟大复兴是一个动态的过程，因此要评价新时代思想政治教育主导性在实现中华民族伟大复兴目标中的精神激励效果，并不能单纯通过现实一次两次的教育活动效果进行评判，而要注重思想政治教育活动在教育活动过程中对人的精神动力的主导影响，即价值观层面的引领产生了多少实际的影响。因此，新时代思想政治教育主导性评价既要评估现实的效果，又要评估潜在的价值，才能客观全面地反映主导性的效果。

（二）个体评价与社会评价的统一

新时代思想政治教育主导性既坚持以人民为中心的工作导向，又坚持马克思主义在意识形态领域的一元导向及实现中华民族伟大复兴作为目标指向，这也是新时代思想政治教育主导性中人民性与党性相统一的特点表现。因此，新时代思想政治教育主导性评价要坚持个体评价与社会评价的统一。首先，新时代思想政治教育主导性评价要注重个体评价。思想政治教育主导性效果如何不是单纯由党政机关进行评价，而是要充分尊重主导性的核心对象人民的意见。人民是否能够认同新时代思想政治教育的主导目标、主导内容及主导方式，认同的程度如何，通过新时代思想政治教育所开展的主导思想和价值观的活动，人民的满意度及获得感如何，这是新时代思想政治教育主导性个体评价的重要指标。其次，新时代思想政治教育主导性评价还要注重社会评价。"思想政治教育作为社会性、政治性突出的社会教育活动，必须服从和服务于社会发展规律"[①]，这是思想政治教育的社会价值。因此，评价思想政治教育主导性效果也要从党和国家所开展的思想政治教育活动是否导向党和国家所坚持的意识形态及是否服务于党和国家的中心任务。新时代中国共产党的目标是坚持马克思主义的指导、高举中国特色社会主义伟大旗帜，带领中国人民实现中华民族伟大复兴，这也是新时代思想政治教育主导性评价时必须关注的效果指标——社会评价。因此，只有坚持个体评价与社会评价的统一，才能对新时代思想政治教育主导性进行正确科学的评价。

（三）整体性评价与层次性评价的统一

新时代思想政治教育主导性评价既是立足于现实的事实评价，又

---

① 教育部思想政治工作司编：《思想政治教育原理与方法》，北京：高等教育出版社2010年版，第223页。

是基于目标的价值评价；既必须关注个体评价也要注重社会评价。而事实与价值的统一、个体与社会的统一必然就涉及整体与部分的统一。因此，对新时代思想政治教育主导性评价还必须坚持整体性评价与层次性评价的统一。首先，思想政治教育活动本身是一个系统工程，涉及思想政治教育者、教育对象及思想政治教育的环体、介体等多种因素，因此思想政治教育的主导性效果也必然受这些因素的影响，所以对新时代思想政治教育主导性的评价必然是一个整体性的评价，既要关注教育对象对主导性的效果评价，也要关注对思想政治教育主体主导作用发挥的评价；既要关注新时代思想政治教育在多元社会思潮中发挥马克思主义的引领作用，又要重视思想政治教育在助推中华民族伟大复兴实现过程中的精神激励作用。因此，对主导性效果的评价就涉及全面系统的原则，即注重整体性评价。其次，思想政治教育主体、教育对象、教育环体及介体等要素之间存在着有机的联系，这些联系也会影响思想政治教育主导性效果的发挥；每一要素有各自的特点，在思想政治教育主导性发挥过程中又有各自的作用，如思想政治教育者必须发挥主动主导的作用、思想政治教育内容必须能够充分体现引领决定作用、思想政治教育目标必须体现激励导向作用、思想政治教育对象必须发挥受动主体作用等。可见，必须针对不同要素的特点进行不同层次的判断，即针对性的效果评价。因此新时代思想政治教育主导性评价必须坚持整体性评价与层次性评价的统一。

第二节　新时代思想政治教育主导性评价的标准构建

　　新时代思想政治教育主导性评价标准是衡量新时代思想政治教育活动主导性效果的尺度和标准。评价标准的确定关系到新时代思想政治教育主导性的实现与发展。有学者根据现代思想政治教育主导性的价值表现及社会发展的客观要求指出衡量现代思想政治教育主导性效果的评价标准为"是否有利于社会生产力的发展、是否有利于发展先进文化、是否有利于巩固和发展安定团结的政治局面、是否促进了人的全面发展"[①]；也有学者在对思想政治教育主导性效果进行评估时指出"规范标准是前提、知识标准是基础、素质标准是核心、实践标准是根本"[②]。习近平在全国高校思想政治工作会议上指出"我国高等教育要坚持正确政治方向，坚持为人民服务、为中国共产党治国理政服务、为巩固和发展中国特色社会主义制度服务、为改革开放和社会主义现代化建设服务"[③]，以上内容为新时代思想政治教育主导性评价标准的确立提供了参考依据。新时代思想政治教育活动既有和现代思想政治教育活

---

　　① 石书臣：《现代思想政治教育主导性》，上海：学林出版社2004年版，第280—282页。

　　② 教育部思想政治工作司编：《思想政治教育原理与方法》，北京：高等教育出版社2010年版，第228—229页。

　　③ 《十谈》编写组：《加强和改进新形势下高校思想政治工作十谈》，北京：人民出版社2017年版，第22页。

动相似的共同点，也有因时代背景发生变化而产生的差异性；思想政治教育活动既面临现代社会发展的共同客观要求，也面临新时代背景下社会发展的新需求。因此，新时代思想政治教育主导性评价标准的构建是一个动态的过程，会随时代发展及党和国家对思想政治教育的要求而不断变化。思想政治教育是一项实践活动，新时代思想政治教育主导性评价必然要以主导活动是否促进思想政治教育目标实现作为实践标准，同时，必须围绕主导性评价客体即教育者是否具有主导性、教育内容是否具有引领性以及教育对象是否发挥主体性，确立新时代思想政治教育主导性评价的实践标准、角色标准、知识标准以及价值标准。

一、实践标准：是否促进思想政治教育目标的实现

新时代思想政治教育主导性表现为鲜明的主流意识形态导向、人民为中心的工作导向及明确的实现中华民族伟大复兴的目标指向，这也是新时代思想政治教育要实现的价值目标。对照目标进行评价，是一种重要的评估方法。因此衡量新时代思想政治教育主导性效果的标准必须最终落地在实践标准上，即新时代思想政治教育在多大程度上通过主导性的发挥为思想政治教育目标的实现服务。恩格斯指出"任何事情的发生都不是没有自觉的意图，没有预期的目的的"①，而思想政治教育是一种实践活动，有其明确的目标，主要表现在促进社会进步和个体发展两个层面上。新时代思想政治教育主导性效果在实践层面上的效果就分为新时代思想政治教育对社会价值取向的主导性效果及对个体价值选择的主导性效果。

首先，党的十八大报告提出经济建设、政治建设、文化建设、和谐社会建设以及生态文明建设"五位一体"的中国特色社会主义建设事业

---

① 《马克思恩格斯选集》（第4卷），北京：人民出版社2012年版，第253页。

的总体布局。因此，在社会价值主导取向上，新时代思想政治教育是否在实现"五位一体"总体布局上发挥主导作用。在经济建设上，经济发展进入新时代，经济全球化日益发展，国内经济由高速增长阶段转向高质量发展阶段的背景下，新时代的思想政治教育是否发挥方向主导及目标引领的作用，如是否在思想政治教育中坚持社会主义核心价值观的主导，以保证新时代经济改革发展的社会主义性质和方向以及是否发挥中国梦的目标激励作用以调动人们参与经济改革发展的积极性、创造性。在政治建设上，百年未有之大变局的背景下，衡量新时代思想政治教育在政治建设领域主导作用的标准在于是否坚持正确的舆论引导促使教育对象生成"四个自信"，是否发挥建设中国特色社会主义共同理想的凝聚作用促进民族团结，是否发挥实现共产主义理想信念的精神支柱作用促进社会政治稳定发展。在文化建设上，全球化发展过程中多元文化相互影响的背景下，新时代思想政治教育在文化领域上是否坚持维护中国特色社会主义文化的主导地位，在文化领域中坚持马克思主义的指导地位；是否坚持对教育对象选择文化方向的引导，如是否引导教育对象选择文化要坚持人民性、民族性、科学性；是否在多元复杂文化背景下发挥思想政治教育对中华优秀传统文化的创造性转化和创新性发展。在社会建设上，进入新时代，社会主要矛盾转变为人民日益增长的美好生活需要与不平衡不充分的发展之间的矛盾，衡量新时代思想政治教育在和谐社会建设上的主导性效果则以思想政治教育能否在教育活动中阐释社会主要矛盾的变化，引导人们在思想上正确认识这一变化并凝聚共识进而为社会主要矛盾的解决创造思想基础；党的十九大报告首次将"树立和践行绿水青山就是金山银山的理念"[1]写入报告，党的十九大通过的

---

[1] 习近平：《决胜全面建成小康社会　夺取新时代中国特色社会主义伟大胜利——在中国共产党第十九次全国代表大会上的报告》，北京：人民出版社2017年版，第23页。

党章修正案也强化了"增强绿水青山就是金山银山的意识"①表述，体现了共产党的生态文明观。因此，衡量新时代思想政治教育在生态文明建设上的主导性效果就要以是否在教育活动中主导"共同建设美丽中国"的全民行动观、是否通过主导引领的作用促使教育对象形成生态文明意识及树立生态责任感。

其次，从个体价值选择上看，面对全面深化改革中社会转型所带来的多元价值观转向、全球化发展下西方自由化浪潮渗透的多元思想影响，现代社会开放复杂多变背景中人们思想行为的多样性多层次的状况，新时代思想政治教育主导性效果在个体价值选择方面的衡量标准就要根据个体在面对多元价值观中是否能够认同并服从主流价值观，个体在面对西方自由化浪潮思想渗透下能否在思想认识层面上认识西方"宪政民主"的虚假性并坚定中国特色社会主义政治方向，个体在面对多层多样多变的价值选择时能否坚持思想行为符合党和国家所倡导的规范。

二、角色标准：是否实现思想政治教育者角色自觉

思想政治教育主导性从主客体关系上看，是思想政治教育者在思想政治教育活动中发挥主动主导的作用。因此，评价新时代思想政治教育的主导性效果必须将思想政治教育者在这一过程中角色作用的发挥效果作为衡量标准之一，即是否实现思想政治教育主体的角色自觉。社会心理学家米德将"角色"这一概念从戏剧领域引入社会学理论中，社会学领域将社会角色定义为"由一定的社会地位所决定的、符合一定的社会期望的行为模式"②。角色标准即用一套行为模式评价思想政治

---

① 《中国共产党第十九次全国代表大会关于〈中国共产党章程（修正案）〉的决议》，《人民日报》2017年10月25日。

② 沙莲香主编：《社会学概论》，北京：中国经济出版社1999年版，第65页。

教育主体的角色行为，这套行为模式可以概括为角色自觉。而角色自觉又可以细分为角色知觉、角色认同、角色反思。当思想政治教育者在教育活动过程中实现了角色知觉，形成了角色认同并能够在教育活动结束后进行角色反思，则思想政治教育者在教育活动中实现了主体角色自觉，表明思想政治教育者发挥了积极的主动主导作用，从主客体关系的层面则可以判断思想政治教育主导性实现了良好的效果。首先，从角色知觉的角度看，要从教育者在思想政治教育活动过程中的表现判断教育者是否意识到思想政治教育者角色的重要性及相应的角色规范，2013年习近平在教师节给全国广大教师的慰问信中指出"教师是立教之本、兴教之源"[1]，用"本"和"源"强调教师角色的重要性；在2019年全国思政教师座谈会上又提出了"六要"，即"政治要强、情怀要深、思维要新、视野要广、自律要严、人格要正"[2]，明确指出思想政治教育者的角色规范。所以必须评价思想政治教育者能否在认知层面上认识到国家、社会对角色的预期及规范。其次，从思想政治教育者情感层面上看，判断思想政治教育者是否对这一角色形成情感认同，这种情感认同的衡量体现在教育者对待教育对象是否具有仁爱之心，是否坚持以教育对象为本，是否对思想政治教育的职业产生认同，即通过具体的思想政治教育活动，教育者对角色从理论认知落地到实践认知，通过具体的教育活动亲身体验到教育角色的重要性并是否在这一过程中产生了积极的情感体验。再次，在教育实践活动完成后，评价教育者是否对自身的教育主体角色进行反思，主要根据教育者是否审视反思自己的教育能力、专业意识及专业能力，并根据反思结果进行自我调适和专业提升。当思想政治教育者在不断进行角色知觉、角色认同及角色反思的循

---

[1] 《习近平向全国广大教师致慰问信》，《人民日报》2013年9月10日。

[2] 《用新时代中国特色社会主义思想铸魂育人 贯彻党的教育方针落实立德树人根本任务》，《人民日报》2019年3月19日。

环过程时，则思想政治教育者已经实现角色自觉，即"具有思想政治教育意识或思想政治教育自觉，真正具有思想政治教育自觉立场和自主能力"①，即发挥了思想政治教育者的主动主导特性，符合角色标准的要求。

三、知识标准：是否为巩固和发展中国特色社会主义制度提供知识支撑

中国特色社会主义制度在中国发展道路上显示出无与伦比的优越性。新时代思想政治教育必须教育引导广大人民正确认识中国特色社会主义制度的优越性，并积极为巩固和发展中国特色社会主义制度服务。因此，是否为巩固和发展中国特色社会主义制度服务是衡量新时代思想政治教育主导性效果的重要标准之一。要使中国特色社会主义制度不断焕发生命力必须为这一制度提供足够的理论支撑。在具体的评价中则可以通过知识标准判断教育对象对中国特色社会主义理论的掌握程度。"知识标准主要衡量教育对象的思想政治理论知识掌握情况以及知识结构优化的情况"②。知识标准作为衡量新时代思想政治教育主导性效果的标准之一，主要是评估教育对象对中国化时代化的马克思主义理论成果、社会主义核心价值体系及党的基本理论、路线等方面的知识及知识结构优化的情况。这种理论知识评估既是思想政治教育评估的重要方面，也是衡量思想政治教育主导性效果的基础性标准。习近平在全国高校思想政治工作会议上提出要教育引导学生树立"四个正确认识"："正确认识世界和中国发展大势，正确认识中国特色和国际比较，正

---

① 孙其昂：《思想政治教育学前沿研究》，北京：人民出版社2013年版，第159页。

② 教育部思想政治工作司编：《思想政治教育原理与方法》，北京：高等教育出版社2010年版，第229页。

确认识时代责任和历史使命，正确认识远大抱负和脚踏实地"①，通过教育引导教育对象树立"四个正确认识"，进而坚定实现共产主义的理想信念，增强中国特色社会主义制度自信，为巩固和发展中国特色社会主义制度服务。因此，"四个正确认识"为新时代衡量思想政治教育主导性效果提供了具体的知识标准。通过新时代思想政治教育发挥教育者的主动主导、通过坚持马克思主义的一元导向及社会主义核心价值观的主导引领，在认识世界和中国发展大势问题上，面对"社会主义过时论""共产主义渺茫论"等意识形态偏见时，教育对象是否对世界社会主义发展历史及中国探索社会主义历史有清晰完整的知识认知及相应的知识结构，且表现出坚定的共产主义信念；在中国特色和国际比较问题上，面对与资本主义市场经济、资本主义宪政民主及西方"普世价值"的比较中，教育对象是否能够对中国特色社会主义市场经济、中国特色社会主义民主及社会主义核心价值观的中国本土特色进行系统的阐释；在时代责任和历史使命认识问题上，面对实现中华民族伟大复兴的中国梦，教育对象是否对中国梦的历史渊源及中国梦实现过程中所处时代的发展机遇和时代使命有清晰地把握；在远大抱负和脚踏实地认识问题上，面对理想与现实的关系，教育对象能否对个人理想与中国梦之间的关系及中国梦与个人奋斗之间的关系形成系统的认知。

四、价值标准：是否得到人民的认可

习近平在纪念毛泽东同志诞辰120周年座谈会上的讲话指出"党的一切工作，必须以最广大人民根本利益为最高标准"②，在庆祝建党95

---

① 《十谈》编写组：《加强和改进新形势下高校思想政治工作十谈》，北京：人民出版社2017年版，第42页。

② 《在纪念毛泽东同志诞辰120周年座谈会上的讲话》，《人民日报》2013年12月27日。

周年大会上的讲话也明确指出"把人民拥护不拥护、赞成不赞成、高兴不高兴、答应不答应作为衡量一切工作得失的根本标准"[①]，可见，人民的评价是党衡量一切工作的根本标准。新时代思想政治教育主导性的性质之一是人民性，而思想政治教育主导性效果如何，最根本的价值标准是看思想政治教育活动中的主导性或中国共产党在思想政治教育活动中所主导的政治理念及政治实践能否得到人民的认可。人民的认可是一种主观的心理感受，可以分为认知、情感及行为三个层面的标准。进入新时代，社会主要矛盾发生了转变，不平衡不充分发展也反映了多样性的存在。思想政治教育主导不再是革命时期或社会主义建设初期自上而下的一元行政主导，主导性要发挥作用必须回归现实生活中人民对思想政治教育的认可。"思想政治教育的内容传授开始于人们最基本的心理过程——认知"[②]，思想政治教育主导性作用的渗透也首先在认知层面开展。因此，衡量人民对新时代思想政治教育主导性的认可度必须先从人民在认知层面的主观体验进行衡量，即新时代思想政治教育内容进入教育对象的头脑后，经过理解、学习、记忆、升华等系列思维加工的过程中，教育对象对思想政治教育内容中所坚持的一元价值引领的消化吸收，并在这一过程中形成初步的判断：即党和国家所主导的政治理念和价值观念是否具有人民性，是否与广大人民的需求相符合。在认知层面基础上，主导作用的渗透进入情感层面。主导性是否得到人民的认可，在情感层面上必须判断教育对象是否产生了认同，如果在认知层面教育对象已经肯定党和国家所主导的政治理念及价值观念具备人民性，则在这一层面教育对象会表现出强烈的情感认同；反之，教育对象会将思想政治教育活动视为"洗脑"而产生抵抗抵触心理，则思想政治教育主导

---

① 《在庆祝中国共产党95周年大会上的讲话》，《人民日报》2016年7月2日。

② 刘梅敏：《新时代思想政治教育获得感的生成逻辑》，《社会科学战线》2019年第7期，第245页。

性效果不佳甚至无效。在行为层面判断思想政治教育主导性的效果则应该对教育对象是否产生了服从行为及发挥了行为示范进行衡量。当教育对象在认知层面识别思想政治教育活动的人民性、在情感层面认同思想政治教育活动的人民立场，则在行为层面会以服从行为及发挥示范作用来表现出认可。新时代思想政治教育主导性表现为党和国家坚持马克思主义的一元价值导向，这种价值导向具有决定性和权威性，权威意味着行为服从。当思想政治教育发挥良好的主导作用时，则可以在教育对象的行为上看到对党和国家所倡导的价值观的行为服从，并且还能在行为上自觉表现出引领示范作用，此时便可从行为层面上判断思想政治教育主导性得到认可，发挥了良好的主导性效果。

第三节　新时代思想政治教育主导性评价的反馈调节

　　评价的反馈调节是评价体系的一个重要环节。"反馈是控制论中的重要概念，主要指把施控系统的信息作用于被控系统（对象）后产生的结果再输送回来，并对信息再输出发生影响的过程。"[①]反馈调节也符合马克思主义"实践—认识—实践"的基本原理。思想政治教育是做人的工作，对人的思想和行为的引领和主导不可能有立竿见影的效果，尤其需要不断地进行反馈调节。新时代思想政治教育主导性评价的反馈调节是将对思想政治教育主导性评价的结果向思想政治教育的主导主体和评价主体反映，再通过分析相关的影响因素调整思想政治教育活动，最终促使思想政治教育主导性效果的提升。主导性效果评价的反馈也称为评价表达，"评价表达是评价者有意识、有目的地将评价活动所获得的结果——价值判断，通过一定的方式，借助一定的符号系统，而传达给他人的一种活动"[②]。主导性评价的反馈是评价信息的回传，回传的接收者主要是代表党和国家的思想政治教育管理者、决策者和具有马克思主义理论背景的专家团队。这种评价信息的反馈可以是即时的反馈即过程反馈，也可能是结果反馈。对主导性评价信息的过程反馈可以使评价

---

　　① 教育部思想政治工作司编：《思想政治教育原理与方法》，北京：高等教育出版社2010年版，第236页。

　　② 冯平：《评价论》，北京：东方出版社1995年版，第233页。

主体及时了解教育对象对思想政治教育活动的价值引领是否认可，及时了解教育内容是否符合价值引领的要求，及时了解教育者是否发挥主动主导性，从而决定是否对教育内容及思想政治教育活动方案进行调整，实现对思想政治教育主导过程的监控调节目的。思想政治教育主导性结果反馈是对完整的思想政治教育活动主导性效果评价的反馈，这种反馈相对于过程反馈而言会有一定的滞后性，但是它属于经验性反馈，可以将思想政治教育主导成效与主导目标进行对照比较，从宏观上把握思想政治教育主导性的效果，进而为完善思想政治教育要素主导性的发挥提供借鉴依据。

一、主导性效果评价反馈的途径

主导性效果评价反馈的步骤是指评价信息通过什么样的途径返回评价主体。对于思想政治教育主导性效果评价而言，评价信息的返回主要通过以下途径。

第一，纵向反馈。纵向反馈既有自下而上的反馈也有评估主体直接向评估对象反馈的形式。自下而上的反馈，是指教育者或教育对象作为主导性评价的主体，他们将评估的结果逐级向思想政治教育的管理者、决策者反映，属于纵向的反馈；另外一种纵向反馈形式是思想政治教育的管理者、决策者或专家团队作为评估主体，他们将对主导性的评价结果直接向教育者或教育对象反馈，属于直接纵向反馈形式。有学者指出思想政治教育评价的信息反馈要遵循三个原则"客观全面、及时以及要与指导性的意见相结合"[①]。两类评估主体、两种纵向反馈的途径可以更全面客观地反映思想政治教育主导性的效果评价结果，也可以确保评

[①] 教育部思想政治工作司编：《思想政治教育原理与方法》，北京：高等教育出版社2010年版，第239—240页。

估反馈通道的顺畅。

第二，横向反馈。横向反馈方式是在信息化传播发展背景下产生的。尤其是新时代以来，随着网络技术的发展，网络传播的日益普及，网络受众的范围也越来越广。2014年习近平在中央网络安全和信息化领导小组第一次会议上的讲话也指出"我国互联网和信息化工作取得了显著发展成就……我国已成为网络大国"[①]。在这样的时代背景下，思想政治教育主导性效果评价结果也会通过网络媒体向社会以及评价主体反馈，这种反馈方式属于横向反馈或大众反馈，如将教育对象对于社会主义核心价值体系的引领认同、将教育者主动主导作用发挥的评估效果通过网络媒体及时向社会公众及相关评价主体公布，既实现评估反馈的目标，也能够通过网络回应网民大众的疑惑，发挥舆论引导的作用，为思想政治教育主导性营造更好的环境和氛围。

二、主导性效果评价调节的方式

对主导性效果的评价进行反馈后，思想政治教育管理者、决策者会根据评价信息对思想政治教育活动的方案及决策进行调节，以促使主导性效果的提升，因此调节才是思想政治教育主导性效果评价反馈的目的，反馈调节主要有以下三种方式。

第一，正反馈调节与负反馈调节相统一。反馈调节是控制论中重要的概念。在控制论中，根据反馈后果的不同，可以分为正反馈和负反馈，因此在反馈调节的方式上也可分为正反馈调节和负反馈调节相统一。"当被控系统返回的信息对于控制系统的再输出是加强（肯定）的，使系统按原运动方向发展，这种反馈就叫做正反馈，正反馈具有增

益放大作用"①，"当被控系统返回的信息对于控制系统的再输出是减弱（否定）的，使系统改变原来的运动方向或状态，这各反馈就叫做负反馈"②，因此主导性效果评价中的正反馈调节就是激发和放大有利于主导性发挥的积极因素，负反馈调节则是查找主导性效果减弱的原因，并进一步将其消除，从而达到提升主导性实效的目的。

第二，过程反馈调节与结果反馈调节相统一。过程反馈调节是指在思想政治教育主导性评价过程中及时将评价结果反馈至相关部门并及时调整思想政治教育活动，再进行主导性评价的方式；结果反馈调节是指某项思想政治教育活动开展结束后对其主导性效果的发挥进行评价再反馈调节。过程反馈调节与结果反馈调节的统一既能满足反馈调节的及时性要求又能从系统控制的角度对思想政治教育活动进行优化调整。

第三，自我反馈调节与外部反馈调节相统一。自我反馈调节是指思想政治教育管理者和教育者作为主导性效果的评价主体。他们直接在思想政治教育主导性效果评价中得到反馈信息，并对整个思想政治教育过程进行自我检查和反思，如思想政治教育管理者反思思想政治教育内容是否突显引领性、是否满足教育对象的需求而产生吸引力和感染力；教育者根据效果评价的信息反馈反思在教育过程中是否发挥主动主导特性，是否具备思想政治教育者的职业意识，是否主动承担思想政治教育任务。通过自我反馈及时调整思想政治教育活动方案及具体的活动实施。外部反馈调节主要是教育对象作为主导性效果评价的主体，将主导性效果的评价信息如是否认可教育内容的党性、人民性、方向性及教育

---

① 李诚忠、王序荪：《教育控制论教程》，长春：东北师范大学出版社1991年版，第27页。

② 李诚忠、王序荪：《教育控制论教程》，长春：东北师范大学出版社1991年版，第27页。

者的能动性等信息及时反馈，思想政治教育管理者和教育者及时根据反馈结果进行调整。这两种反馈调节方式的结合将主体性调节与客观性调节相结合，有利于促进思想政治教育主导性的发展。

第八章

新时代思想政治教育主导性的发展考量

　　主导性作为贯穿思想政治教育过程的鲜明属性，会随时代的变化而呈现相应的特点。思想政治教育主导性在新时代既面临强化机遇，也面临时代挑战。因此，必须以新时代思想政治教育主导性的境遇为基础，结合党中央在新时代治国理政理论和实践，从教育者主导地位、社会主义意识形态本质凸显及一元对多元主导的三个维度考量新时代思想政治教育主导性的发展强化。

　　既要在全媒体时代中确保教育者在思想政治教育过程中的主导权，也要创新意识形态治理回应历史方位的转变要求，还要不断强化社会主义核心价值观的主导功能以应对社会现代化发展的挑战，从而确保新时代思想政治教育主导性成效的发挥。

第一节　重构教育者权威消解全媒体
时代冲击

　　在全媒体时代，教育者对教育对象的主导关系、主导话语、主导内容受到挑战和冲击。因此，在全媒体时代背景下发展思想政治教育主导性，首先必须确保教育者在思想政治教育过程中的主导权，提高教育者的主导地位，需要重构教育者权威。"权威"是个派生词，"引申义则含有权力、尊严、力量和影响的意思"[①]，《辞海》对权威的解释是"（1）权力和威势；（2）指人类社会实践过程中形成的具有威望和支配作用的力量"[②]。因此，权威作为一种在人类社会实践中存在的力量，广泛存在于人类社会关系中，是政治学、社会学、教育学等领域中存在的社会现象。思想政治教育作为教育者与教育对象相互作用的活动，这一过程既是人类社会实践过程的组成部分，也包含教育者与教育对象之间双向互动的关系。权威作为一种社会现象存在，必然也贯穿于教育者与教育对象的关系中，表现为教育者权威。

　　在全媒体时代，如何界定、解读教育者权威是处理教育者与教育对象之间关系必然要面对的问题，而重构教育者权威也是消解全媒体时代对教育者主导地位的冲击，实现教育者主导性与教育对象主体性相统一的重要途径。

---

① 马绍孟：《权威论纲》，北京：高等教育出版社2013年版，第2页。

② 辞海编辑委员会编：《辞海》，上海：上海辞书出版社1989年版，第3276页。

　　首先，关于教育者权威的界定。学界基本上都是将权威的定义迁移到教育领域。如有学者认为教育者权威是指"教师凭借国家、社会赋予的教育权力和个人因素而产生的能够被学生自觉接受、自愿服从而能影响和改变学生的心理及其行为的一种巨大影响力"[①]，也有学者指出"教师权威是指教师在教育教学中使学生信从的力量或影响力"[②]。因此教育者权威内含权威的特性，它是一种包含支配与服从的意志力量；同时，基于教育者与教育对象在思想政治教育过程中双向互动的关系，教育者权威又兼具教育活动的特点，教育者权威作用的发挥还必须得到教育对象的信任与认同，否则就会陷入形式权威或威权主义的误区。有学者认为教育者权威的力量来自传统权威、法定权威、感召权威与专业权威。[③]其中传统权威、法定权威由国家社会相关的教育制度和法律条款支撑，感召权威与专业权威来源于教师个体的学识和个性魅力，因此教育者权威也可以分为外部权威及内在权威。综上，思想政治教育活动中的教育者权威是教育者引领教育对象思想行为发生变化的支配力量，以及教育者促使教育对象信任与服从的影响力量。

　　其次，教育者权威在全媒体时代的必要性。全媒体时代的到来确实对传统的教育者权威造成解构的影响。但是，教育者权威作为教育者与教育对象在活动过程中相互作用的一种力量，它也会随着具体实践的变化而不断改变并呈现新的特点，成为全媒体时代教育者权威必要性的重要支撑。进入全媒体时代，教育对象获取教育知识和信息的渠道愈发便捷，接触的思想和价值观念愈发多元，教育者与教育对象之间民主平

---

　　① 卫倩平：《审视与超越：教师权威由非理性向理性的回归》，《教育探索》2009年第12期，第82页。

　　② 张良才、李润洲：《论教师权威的现代转型》，《教育研究》2003年第11期，第69页。

　　③ 吴康宁：《教育社会学》，北京：人民教育出版社1998年版，第209页。

等与双向互动关系也在不断被倡导，人人都有麦克风，人人都是信息源，教育者作为"思想引路者"或"知识传播者"的传统角色确实受到冲击，教育者权威的构建也从强化传统权威或外在权威转向内在权威的生成与维持。雅斯贝尔斯指出"真正的权威来自于内在的精神力量"①。因此，进入全媒体时代，基于内在精神力量生成的教育者权威是思想政治教育活动正常运行的有力保障。思想政治教育是有计划有目的改变教育对象思想和行为的活动，靠教育者权威中的外在权威保障仅仅只是完成思想政治教育活动中教育者向教育对象传递思想知识和价值观念的过程，但是强制性的教育者权威并不能使教育对象信服教育者所要传递的思想和价值。有学者指出权威的功能在于"使人们有意识地按照一定的标准调适自己的行为"②，这一功能与思想政治教育的目标是吻合的。内生型的教育者权威依托于教育者的个人魅力和专业学识，通过教育者个人言传身教的影响，教育者自身对理想信念信仰的感染力，使教育对象产生了发自内心的认同和信服，并通过相应的思想和行为表现出来。

因此，全媒体时代重构教育者权威是以思想政治教育过程中教育者与教育对象民主平等关系为基础，确保教育者在教育活动过程中掌握主导权，是尊重教育对象的主体性，保障思想政治教育活动有序进行的重要途径。而如何重构思想政治教育活动中的教育者权威也影响教育者主导性与教育对象主体性相统一的实现，影响新时代思想政治教育主导性的强化。

---

① ［德］雅斯贝尔斯著：《什么是教育》，邹进译，北京：生活·读书·新知三联书店1991年版，第70页。

② 薛广洲：《权威特征和功能的哲学论证》，《浙江大学学报（人文社会科学版）》1998年第3期，第29页。

一、以专业自觉获得权威身份

恩格斯指出权威是"把别人的意志强加于我们；另一方面，权威又是以服从为前提的"①，所以权威由支配和服从两大要素组成。我国也有学者指出"主从性"②是权威的重要特征之一。但是教育者权威的"主从性"必须与权力相区分，否则就会陷入威权主义。教育者权威不是以强制性来实施主导权的，而是靠教育者自身的知识、道德力量以及人格魅力来得到教育对象的认可和认同进而实现主导目的的。教育者在教育活动过程中主导权的发挥需要主从性的支撑。主从性意味着思想政治教育者必须获得作为主导者的权威身份，而思想政治教育者权威身份的获得来自三方面的赋权。一是党和国家的赋权。即党和国家所赋予教育者在思想政治教育活动过程中向教育对象传授思想政治知识和道德规范、引导教育对象形成符合社会发展要求的思想和行为的天然职能和身份。教育者通过国家尊师重教的传统美德、通过党对教师职业的支持获得先定权威身份。二是教育对象的赋权。思想政治教育是教育者与教育对象双向互动的教育活动，教育对象也是思想政治教育活动的主体之一，教育者支配、主导作用的发挥必须得到教育对象的承认，即获得教育对象的赋权。三是教育者的自我赋权。教育者主动意识到自己在思想政治教育过程中的使命和任务，主动承担设计、组织、发动思想政治教育活动的职责。

一方面，这三个方面的赋权是思想政治教育者主动主导作用发挥的重要条件，国家赋权是外在保障，教育对象赋权是主导性与主体性相统一的重要表现，而教育者的自我赋权则是主导性实效产生的关键，如果

---

① 《马克思恩格斯选集》（第3卷），北京：人民出版社2012年版，第274页。

② 薛广洲：《权威特征和功能的哲学论证》，《浙江大学学报（人文社会科学版）》1998年第3期，第23页。

没有教育者对思想政治教育职能和使命的主动意识，就不可能实现主导性。另一方面，在全媒体时代，如果仅强化国家赋权，则会使教育者权威走向极端，而无法触发教育对象赋权，无法突出教育对象的主体性；同时，全媒体时代知识、信息获取的便捷性、即时性，教育者先定权威在消解，也降低了教育对象主动赋权的可能性。因此，教育者自我赋权的重要性就尤为突出。重构教育者权威，消解全媒体时代对教育者主导地位的冲击，必须提升思想政治教育者自我赋权能力，即通过教育者专业自觉地形成重新建构教育者的权威身份，从而提升思想政治教育者的主导地位。

自觉主要是哲学范畴的概念，指的是主体对自我的察觉，对自我活动的预见意识。思想政治教育者的专业自觉是指思想政治教育者清晰的自我职业认知，即教育者对思想政治工作特点、需要、目标及思想政治教育者所必须具备的职业素质要求有清晰的认知，是一种主体性自觉，即教育者必须具备思想政治教育专业意识及相应的自觉立场。

第一，突出思想政治教育者的专业意识。首先，专业意识表现为思想政治教育意识，即思想政治教育者具备的对于社会现象或社会思潮保持敏锐的观察力，能够对教育对象所关注的社会热点及时进行思想和行为引导的意识。尤其是在教育对象能即时获取各种信息的全媒体时代，思想政治教育者必须保持能够及时"在场"的状态。其次，专业意识还表现为职业素质意识。党的十八大以来，习近平提出了一系列围绕教师教育思想的新观点、新思想和新论述。其中对于思想政治理论课教师曾经提出"六要"①的要求，对于高校教师也提出要做"有理想信念、有道德情操、有扎实学识、有仁爱之心"的"四有"好老师的要求，这些要求实际上也是思想政治教育者所必须具备的职业素质要求。当思想政

---

① "六要"："政治要强，情怀要深，思维要新，视野要广，自律要严，人格要正。"

治教育者能够做到"六要""四有",思想政治教育者的人格魅力也就随之彰显,自然能得到教育对象的认可和服从,也能获得教育对象的赋权。

第二,坚定思想政治教育者的自觉立场。自觉立场主要指思想政治教育者的信仰自觉。"政治要强"是新时代思想政治教育队伍建设的重要方向之一。面对全媒体时代带来的思想干扰和挑战,思想政治教育者一方面是自身要保持足够的定力,自身要对马克思主义有坚定的信仰,加强马克思主义理论的学习,如习近平所强调的"把读马克思主义经典、悟马克思主义原理……当作一种精神追求"①,只有思想政治教育者对马克思主义理论做到"真信"才能带动和感染教育对象;另一方面,要自觉履行作为思想政治教育者所承担的使命责任,要理直气壮地宣传马克思主义理论,这也是信仰自觉的表现。尤其是在教育对象受全媒体时代多元信息影响的背景下,思想政治教育者要通过理论阐释,引导教育对象明辨真理,树立正确的世界观、人生观、价值观。

基于全媒体时代对教育者传统权威的消解,重构教育者权威就必须注重专业权威的建构。通过思想政治教育者的专业自觉重构教师的专业权威,增强教育者传道授业解惑的责任意识、专业素养以及主导技能,进而获得教育对象的认可和服从,确保思想政治教育过程的主动主导权。

二、以情感自觉构建感召权威

传统先定的教育者权威以外在强制力要求教育对象服从教育者,以教育者的思想理念作为其行为准则。在思想政治教育活动中行使强制性的权威,会出现两种极端情况:一种是教育对象无条件地服从教育

---

① 《在纪念马克思诞辰200周年大会上的讲话》,《人民日报》2018年5月5日。

者，则在这个过程中教育对象丧失自主思考、选择和创造的能力，教育对象的主体性无法凸显；另一种是教育对象并不是发自内心认可和服从教育者，其思想并没有改变，而只是屈服于教育者权威的强制力而在表面上作出服从行为，教育对象的思想和行为是分裂的，则不可能形成相应的意志和行为习惯，教育者在思想政治教育过程中的主导作用也是失效的。

因此，在思想政治教育活动中重构教育者权威，并不是要突显教育者的权力，而是要实现教育者主导性与教育对象主体性的统一。这里面就涉及一个两难的问题，如何既确保教育者能够发挥主动主导作用又能够促使教育对象主体能动性的发挥，如何在保证教育对象主体性、创造性的同时又能确保教育对象愿意服从教育者的支配和主导。实际上，内生型的教育者权威并不会妨碍教育对象自主能动性的发挥，真正的权威是既保持人们的服从，同时也保证他们的自由。内生型的教育者权威与外在的先定权威相对，是由教育者个人的道德品行和人格魅力集合而成的，也称为感召权威，指教育者对教育对象具有的感召力量。在思想政治教育活动中重构教育者权威必须是构建感召权威，感召权威的构建蕴含于教育者与教育对象的双向互动中、依托于教育者与教育对象的情感交流中，"教师内在的权威与内在的爱是在同学生自然交往中形成的"①。因此，构建感召权威的关键在于激发教育者的情感自觉，即激发教育者在思想政治教育过程中对自身情感状态的察觉和反思。

第一，激发思想政治教育者的情感自觉需要在教育者心中厚植情怀。"情怀要深"是习近平对思想政治理论课教师提出的六个方面的要求之一。一方面，列宁曾指出，"没有'人的感情'，就从来没有也不

---

① 陈桂生：《"教育学视界"辨析》，上海：华东师范大学出版社1997年版，第241页。

可能有人对于真理的追求"①。思想政治教育要实现"铸魂育人",就要求思想政治教育者必须要有深厚的情怀,做到以情感人、以情育人。另一方面,"教师的爱有两个来源:来源于对于社会的使命感;或从与学生的交往中自然产生"②。思想政治教育者只有厚植情怀才能产生对自身育人职业的认同感,而只有教育者发自内心热爱思想政治教育职业,才能够流露出自身对马克思主义理论信仰的真情,进而感染学生;教育者也只有热爱育人职业,才能够走进教育对象心里,发现教育对象需求,提高思想政治教育的针对性和亲和力。

思想政治教育者厚植情怀,首先是厚植家国情怀。习近平强调:"爱国,是人世间最深层、最持久的情感,一个人立德之源、立功之本。"③思想政治教育者作为党和国家思想理念的传播者和教育活动的实施者,必须有"心系国家、胸有大我"的报国志向。情感自觉是对自身情感的产生、投射有清晰的察觉和反思。厚植家国情怀要求教育者对自身的爱国情、强国志、报国行的情感有强烈的主体意识,并在教育活动中将家国情怀投射在具体的教育行为上,引发教育对象的情感共鸣。其次是厚植职业情怀。情感自觉还要求思想政治教育者对自身所从事的教育职业必须有情感归属和情感认同。情感自觉一方面表现为教育者对所承担的育人使命有完整清晰的认识,并对这一使命表现出强烈认同。情感是伴随认识而产生的,能够有效地调节行为。当教育者能够产生自觉认同的情感,就能够表现出对育人使命的担当行为。另一方面,对职业的认同感还表现为教育者把育人职业当作人生的事业,超脱个人在其中的得失,激发出强烈的育人事业荣誉感,对自己的育人职业表现出自

① 《列宁全集》(第25卷),北京:人民出版社1988年版,第117页。

② 陈桂生:《"教育学视界"辨析》,上海:华东师范大学出版社1997年版,第240页。

③ 《在北京大学师生座谈会上的讲话》,《人民日报》2018年5月3日。

豪感，焕发出强烈的精神力量。

第二，激发思想政治教育者的情感自觉需要教育者察觉对教育对象的仁爱之心。有仁爱之心是"四有"好老师的标准之一。仁爱之心是中华优秀传统文化的重要组成部分，在思想政治教育活动中，仁爱是教育者对教育对象的理解、尊重和关怀，这也是教育者主导性与教育对象主体性实现统一的关键。感召权威不是以外在强制力迫使教育对象"威服"，而是通过教育者个人在教育过程中自觉向教育对象倾注仁爱情感，走进教育对象的生活世界，了解教育对象的心理和思想需求，从原来单向的话语霸权转为平等对话，使教育对象发自内心的"心服"。教育者对教育对象的仁爱情感成为教育者人格的重要组成部分，前苏联著名教育家苏霍姆林斯基指出："教师的人格是进行教育的基石。"[①]个体人格是感召权威构建的关键，教育者个人的情感自觉有利于树立感召权威，保障教育者主导作用的发挥。

三、以角色自觉维护主导地位

"教育作为一种自觉的有目的的活动，客观上要求教育工作者具有参与教育活动的自觉"[②]。无论是专业自觉还是情感自觉最终都要落地于教育者在思想政治教育过程中对自身的角色自觉来体现。

社会心理学家米德将"角色"这一概念从戏剧领域引入社会学领域中，社会学领域将社会角色定义为"由一定的社会地位所决定的、符合一定的社会期望的行为模式"[③]。角色标准即用一套行为模式评价思想

---

① ［苏］瓦·阿·苏霍姆林斯基著：《和青年校长的谈话》，赵玮译，上海：上海教育出版社1983年版，第170页。

② 陈桂生：《学校教育原理》，长沙：湖南教育出版社2000年版，第122页。

③ 沙颂主编：《社会学概论》，北京：中国经济出版社1999年版，第65页。

政治教育主体的角色行为，这套行为模式可以概括为角色自觉。而角色自觉又可以细分为角色知觉、角色认同、角色反思。当思想政治教育者在教育活动过程中实现了角色知觉，形成了角色认同并能够在教育活动结束后进行角色反思，则思想政治教育者在教育活动中实现了主体角色自觉，表明思想政治教育者发挥了积极的主动主导作用。教育者在行动上主动承担思想政治教育任务、设计组织实施教育活动是教育者主导主体的表现。但在全媒体时代中，教育对象处于"无人不网、无处不网、无时不网"的状态，"截至2022年12月，我国网民规模达10.67亿，较2021年12月增长3549万"[①]。网络对青年人口渗透率接近100%。社会思潮多元交锋，表达渠道多样便捷，教育者的主导主体地位受到冲击。在这样的背景下，需要明确的是教育者主导主体的角色是必须维护的，但是不能通过外在强制力来实现，而要通过教育者的专业素养、情感投入，重构内生型的教育者权威来保障。教育者在思想政治教育过程中的专业素养和情感投入最终融汇为教育者的角色发挥。

当思想政治教育者在不断进行角色知觉、角色认同及角色反思的循环过程，则思想政治教育者已经实现角色自觉，"真正具有思想政治教育自觉立场和自主能力"[②]，即发挥了思想政治教育者的主动主导特性，符合角色标准的要求。面对全媒体时代的冲击，思想政治教育者在角色发挥过程中根据时代变化对角色要求要有清晰的认识，必须借鉴全媒体时代的多元和交互特点定位教育者角色，促进主导性与主体性的有机统一。

第一，注重教育者角色的知识多元化。一方面，作为具有意识形态

[①] 中共中央网络安全和信息化委员会办公室、中华人民共和国国家互联网信息办公室：《第51次中国互联网络发展状况统计报告》，北京：中国互联网络信息中心，2023年3月，第1页。

[②] 孙其昂：《思想政治教育学前沿研究》，北京：人民出版社2013年版，第159页。

性的思想政治教育知识是由特定的社会情境决定的，在每个历史时代有各自的侧重点。另一方面，在全媒体时代教育对象有较强的个体意识、批判和质疑精神，且传统课堂不再是学生获取知识的唯一途径。这就要求教育者的知识结构必须能够适应动态开放的社会变化，要随时获取新知识，不断调整自己的知识结构。教育者通过对自身主导角色的自觉，注重在思想政治教育工作中以解决教育对象思想问题和实际问题为核心，与教育对象共同探索思想政治教育知识及其意义，达到与教育对象在世界观、人生观、价值观的视域融合。这是教育者对时代变化所产生的角色要求改变的反省和觉察，通过教育者角色的知识多元化体系的建构化解全媒体对传统知识权威的解构。

第二，突出教育者角色的理解交互性。在新时代思想政治教育主导性中，思想政治教育者已经由传统的说理教育者和思想政治教育知识灌输者转变为思想政治工作的变革者和建构者，并且必须以动态、多元、开放和平等的态度来对待教育对象。从本质上研究教育，可以发现教育本身就是教育者与教育对象之间的交互关系。如果教育者与教育对象之间不存在互动与交往，那么这两者的角色身份也不会存在。同理，在思想政治教育工作中，研究教育者角色的发挥也必须在教育者与教育对象的有机互动关系中来进行。思想政治教育活动本身是一种人际交流活动，交流包括直接的语言对话，也包括无声的行为交往。一方面，语言对话必然是一个双向的互动过程，有诉说者也有倾听者。教育者与对象互为诉说者和倾听者。诉说者具有解释的功能，而倾听者有解读的能力。当诉说者的解释与倾听者的解读产生共鸣时，对话活动才能产生效果。另一方面，无声的行为交往作为一种思想政治教育实践，也提供内生性教育权威的资源。这种行为交往既应该是言行一致的榜样示范，又是立足于解决教育对象困难的实际行动。总之，不管是直接的语言交流还是无声的行为交往都要求教育者以平等的态度对待教育对象，重视观照教育对象的内心精神世界。

　　自觉本身是一种内在的主体特性，体现出主体的主动性。在全媒体时代，通过教育者的专业自觉、情感自觉以及角色自觉重构教育者的内生性权威，以内生性权威使教育对象从"威服"转为"心服"，使教育对象由盲目被支配转为主动认同，既维护了教育者的主导地位，又凸显了教育对象的主体性，实现主导性与主体性的实然统一。

第二节 创新意识形态治理回应历史方位转变要求

思想政治教育主导性的本质是社会主义意识形态的彰显，坚持党性与人民性的实践统一是新时代思想政治教育主导性本质属性之一。意识形态管理的本质是突显社会主义意识形态的主导地位，实现党性与人民性的统一。面对历史方位转变对意识形态管理主体、管理内容以及管理环境所带来的挑战和变化，意识形态管理的创新与变革也成为新时代强化思想政治教育主导性的途径之一。

全面深化改革的总目标是"推进国家治理体系和治理能力现代化"①，党的十九届四中全会也指出"到新中国成立一百年时，全面实现国家治理体系和治理能力现代化"②。意识形态工作作为一项极端重要的工作，也属于国家治理体系的重要组成部分，中国共产党对意识形态建设能力的提升也是治理能力现代化的题中之义。而面对历史方位的转变，面对社会主要矛盾的变化，意识形态管理改革的方向之一是创新意识形态治理。

意识形态管理与意识形态治理均是为了实现社会主义意识形态主

---

① 《中国共产党第十八届中央委员会第三次全体会议公报》，北京：人民出版社2013年版，第4页。

② 《中国共产党第十九届中央委员会第四次全体会议公报》，北京：人民出版社2019年版，第8页。

导，维护国家意识形态安全，但两者侧重点不同，意识形态治理是一种系统治理的思想，强调多元主体参与式管理的动态过程，正如习近平所指出的治理"体现的是系统治理、依法治理、源头治理、综合施策"①。"治理"原是西方国家的日常用语，内蕴管理引导协调的意思。党的十八届三中全会以后提出的"治理"概念则是以马克思主义理论为指导，以中国传统文化的治国思想为基础，以西方相关治理理论为借鉴而提出的，并以新时代中国特色社会主义现代化建设为实践重点而形成的新时代"治理"要义。意识形态治理即在中国共产党领导下，多元主体运用相关的制度及手段，协调意识形态中的各种关系以实现维护社会主义意识形态主导地位的动态过程。新时代完善意识形态治理对于实现党性和人民性相统一具有重要的意义。

一方面，意识形态治理与意识形态管理的最大区别在于，意识形态建设工作中的关系不是垂直的管理者与被管理者，而是形成了"党委领导、政府主导、多元参与的主体格局"②。党委领导及政府主导确保意识形态建设中党中央权威的凸显，而多元参与主体的互动关系又把原来处于被动地位的阶层或群体转化为治理主体，极大地激发了广大人民群众对于意识形态工作的主人翁意识。另一方面，意识形态治理中多元主体特征的凸显及多样化治理手段的使用是应对目前西方资产阶级意识形态隐蔽性渗透的重要方式。多元治理主体有利于社会主义意识形态在更广大范围的传播，也有利于将有害国家意识形态安全的错误思想及时反映到相关部门，既能使主导意识形态成为主流也有利于维护社会主义意识形态的主导地位；同时，多样化的治理手段改变意识形态管理中单一

---

① 中共中央宣传部编：《习近平总书记系列重要讲话读本（2016年版）》，北京：人民出版社2016年版，第224页。

② 秦志龙、吴波：《习近平关于新时代意识形态治理的重要论述研究》，《湖北社会科学》2018年第10期，第8页。

的自上而下的管理手段，综合运用对话、协商、教育、传播等方式，能够有效对标西方意识形态的隐蔽式复杂化渗透。在历史方位转变的背景下，主要通过以下方面推进党性与人民性的统一。

一、坚持党的坚强领导，融合多元治理主体

从民族复兴的角度看，历史方位转变要求思想政治教育主导性为中国梦的实现凝聚共识，思想政治教育主导性的本质是凸显社会主义意识形态本质，所以在主导性中必须维护社会主义意识形态权威，实现意识形态认同。"意识形态生产是社会主体间有序互动的前提、媒介和结果"[①]，需要从改革意识形态治理主体作为切入点实现意识形态的认同。坚持党性和人民性的统一，是新时代思想政治教育主导性本质特征之一。而从意识形态治理主体的角度看，坚持党性和人民性的统一，就是在意识形态治理主体中坚持党的坚强领导并且融合多元治理主体。中国共产党在多元治理主体中处于核心地位，意识形态的治理主体是以共产党作为核心，由国家相关部门、社会组织以及广大人民群众协调联动而形成的。

（一）坚持党领导意识形态治理

从理论层面看，意识形态具有鲜明的阶级性。意识形态之间的冲突，是对执政思想主导权的论争，论争的胜负结果决定执政主体、执政制度以及执政方式的选择。意识形态治理就是要通过动员多元治理主体运用多种手段取得意识形态斗争的胜利。从实践逻辑进行考察，党带领人民赢得战争，结束中国四分五裂的状态，成立新中国，并且带领全国

[①] 朱国伟：《虚拟社会意识形态治理的理论要求》，《思想理论教育》2016年第6期，第39页。

人民凝聚共识实现从站起来到富起来再到强起来的飞跃。这一实践过程
需要共产党发挥领导核心作用，协调各方资源，凝聚共识，体现党对意
识形态领导的正确性。同时，随着意识形态领域斗争的激烈，也突出党
对意识形态领域领导的必要性。习近平曾用苏共失败的例子强调坚持共
产党在意识形态领域领导的重要性："苏联为什么解体？苏共为什么垮
台？一个重要原因就是意识形态领域的斗争十分激烈，全面否定苏联历
史、苏共历史，否定列宁，否定斯大林，搞历史虚无主义，思想搞乱
了，各级党组织几乎没任何作用了。"①

　　坚持党在意识形态治理中的领导即坚持党性，首先是坚持意识形态
发展的社会主义发展方向，坚持马克思主义指导，主动亮剑同非社会主
义的意识形态进行批判和斗争，"必须以战斗的姿态、战士担当，敢抓
敢管、敢于亮剑"②。其次，维护党中央在意识形态治理中的权威。社
会主义意识形态是以人民利益为中心，以国家权力为保障，由中国共产
党权威支撑的政治观点和思想观念，它是共产党权威的产物也会反过来
作用于共产党的权威。在意识形态治理中维护党中央权威，即各级党组
织和党员坚持维护党中央在革命建设改革中锻造的共同意志，深化各级
党委在意识形态工作中的主体责任，压实党员的政治责任。再次，增强
党管意识形态的本领能力。随着大数据时代的到来，意识形态的复杂性
更加突出。因此，在意识形态治理中必须增强各级党组织及党员的政治
甄别力，准确分析社会思潮动态，站稳正确政治立场；把握重大事件产
生的教育时机，及时回应人民群众关切，正面引导群众关注热点问题，
提升舆论引导力，"在尊重差异中扩大社会认同，在包容多样中形成思

　　①　《十八大以来重要文献选编》（上），北京：中央文献出版社2014年版，第113页。
　　②　中共中央宣传部编：《习近平新时代中国特色社会主义思想三十讲》，北京：学习
出版社2018年版，第214页。

想共识"①，使共产党掌握舆论发展方向的引导权。通过坚持中国共产党对意识形态治理的领导突出党性，确保思想政治教育主导性的发展方向。

（二）突出多元治理主体的互动

从意识形态管理到意识形态治理的转变，就是要突出党领导下多元治理主体的协商和互动，意识形态的本质是政治性，意识形态治理覆盖整个国家社会，需要从整体上统筹规划，也需要全民参与、多方协同。意识形态治理中的多元治理主体包括中国共产党作为领导主体、各级政府作为主导主体、社会组织作为参与主体，广大人民群众作为终极主体。②

首先，从公共社会发展的角度看，多元治理主体的协商互动是公共社会发展的必然结果。公共社会是一个统一的社会共同体，但随着经济发展及利益阶层的分化出现了不同的利益主体，这些利益主体必须通过主体之间能够承认彼此存在的利益差别，并且能够容忍利益差别的存在而实现相互间的有序互动和衔接，才能确保不同主体处于相对稳定的社会共同体中。不同主体求同存异的过程就是以党的领导为方向，不断通过对话沟通协商实现良性互动的过程。其次，意识形态治理过程中多元主体互动具体表现为中国共产党发挥"主心骨""定盘星"的领导作用，确保意识形态发展的方向，各级政府部门按照党的领导制定与实施相关的政策制度，社会组织发挥与人民群众密切联系的优势，最大程度调动人民群众广泛参与意识形态治理的积极性，实现意识形态治理的多元互动。多元治理主体的互动依赖于党和国家在意识形态建设工作中思维的转变，通过民主化的治理方式开放社会组织及人民群众表达利益诉

---

① 《十八大以来重要文献选编》（上），北京：中央文献出版社2014年版，第582页。

② 胡凯、杨竞雄、马俊军：《论我国社会主义意识形态治理》，《吉首大学学报（社会科学版）》2015年第2期，第2页。

求的渠道和空间，通过开放化的治理手段实现主流意识形态与不同的社会思潮或非主流意识形态间的对话交流，在坚持党的领导的原则下，体现出对非主流意识形态的包容与引领。通过民主化和开放化治理，调动不同治理主体积极主动参与其中。

所以，坚持在党的领导下推进多元治理主体的协商互动，有利于扩大社会主义意识形态的传播范围和群众基础，有利于实现主导意识形态与主流意识形态的融合，也是从治理主体的角度对历史方位转变中党性与人民性在实践中统一的发展考量。

二、融入现代治理理念，丰富意识形态体系建构

意识形态治理必须融入现代治理理念，坚持现代治理理念的意识形态体系的科学建构对于新时代思想政治教育主导性的强化具有重要的意义。一方面，中国意识形态建设发展的核心要义是用社会主义意识形态引领多元化、多样化的社会思潮和文化，一元引领多元本身就是对多元的一种承认和肯定。而现代治理理念正是突出了党作为领导主体、政府作为主导主体、社会组织及广大人民群众作为直接行为主体的多元协商，突出对多元个体正当利益诉求的重视，有利于凝聚社会共识，是人民民主性的突显。另一方面，现代治理理念虽然强调多元协商互动，但是这种多元并不是混乱无序的，而是坚持党和国家领导下形成的多元治理的秩序观。从这个角度看，坚持现代治理理念在意识形态体系建构中的贯穿，有利于突显党的领导的方向性，维护党的执政合法性。现代治理理念与传统的自上而下的垂直式管理相对，以协调、互动、多元作为其显著特征。在社会主义意识形态治理中，现代治理理念在治理主体的层面表现为共产党领导下的多元主体协商互动，在治理内容的层面表现为以价值性、时代性为特点的意识形态体系建构的丰富发展。

（一）建构融合型意识形态

有学者指出在治理型意识形态的构建上要"坚持人民性的价值取向，培育利益融合型意识形态"[①]。意识形态本身就是一种价值体系，体现一定的价值目标和利益诉求。社会主义意识形态的凸显是思想政治教育主导性的本质特征，要促使社会主义意识形态由主导转为主流。围绕现代治理理念，就必须在意识形态构建上协调整合广大人民群众的正当合理利益，找到利益共同点，建构利益融合型的意识形态。邓小平曾强调工人阶级与资产阶级政党是不同的，他们将自己视为"是人民群众在特定的历史时期为完成特定的历史任务的一种工具"[②]。正是因为坚持人民性，社会主义意识形态才可以避开私有制意识形态都要经历的"普遍性"向"虚假性"的转变。马克思曾指出私有制意识形态在一开始出现的时候总是"赋予自己的思想以普遍性的形式"[③]，宣称自己的思想是可以代表全社会利益的，但是当它成为占统治地位的思想时就开始朝着维护统治阶级利益的方向发展，从而成为虚假的意识形态。因此，无论处于革命建设时期还是处于全面深化改革时期的共产党始终立足于中国的具体实际，并且不断协调各个不同阶层之间的利益诉求，从中国梦的提出到社会主义核心价值观的凝练以及社会主要矛盾判断的转变等的意识形态体系建构都是基于协调多元利益取向的角度出发，增强人民群众对共产党的情感认同，实现社会主义意识形态从主导成为主流。

（二）建构创新型意识形态

历史方位转变对社会主义意识形态管理提出的挑战之一就在于如何

---

① 王传礼：《我国主流意识形态转型与治理型意识形态的构建》，《信阳师范学院学报（哲学社会科学版）》2017年第5期，第31页。

② 《邓小平文选》（第1卷），北京：人民出版社1994年版，第218页。

③ 《马克思恩格斯选集》（第1卷），北京：人民出版社2012年版，第180页。

增强理论的感召力。意识形态是一种理论体系，新时代思想政治教育主导性的本质是突显社会主义意识形态的主导性，就必须对意识形态体系进行创新型建构。马克思恩格斯认为某个时代的思想内容"都是由于产生这些体系的那个时期的需要而形成起来的"[①]。意识形态的创新发展以时代发展为背景，以人民群众的需求为转变基点而不断推进主流意识形态的创新与转型。

话语体系建构是意识形态建构的重要组成部分。改革开放以来，中国共产党一直致力于意识形态话语体系从革命到建设的话语体系转型，进入新时代更是注重从社会发展及人民群众需求建构具有中国特色的意识形态话语体系。有学者在分析十八大以来党的意识形态建构战略中指出"'中国梦'是构建党的意识形态的新征程"[②]，中国梦作为意识形态体系的一部分，这是党根据新时代社会发展和人民需求的时代变化而作出的转型建构。这是一种从宏观转向微观的时代建构，关注微观个体；也是从政治性转向日常性的转型建构，突出生活话语形态。因此，坚持现代治理理念，建构创新型的意识形态就是要立足于时代发展和人民群众需求的转变，在话语体系建构中立足于中华优秀传统文化的语言表述，并注重从人民群众日常生活实践中提炼他们熟悉的话语表达方式，实现宏观与微观的结合、政治性与生活性的结合，单向灌输与多元立体的结合，增强主流意识形态的吸引力和解释力。

三、坚持党的有效治理，形成意识形态多维传播

伴随历史方位的转变，中国日益走向国际舞台中央，西方意识形态的渗透及对社会主义意识形态的"污名化"也日益加剧，意识形态管理

---

① 《马克思恩格斯全集》（第3卷），北京：人民出版社1960年版，第544页。

② 李江波、姚亚平、黎滢：《改革开放以来中国共产党的意识形态建构》，《求实》2017年第8期，第24页。

环境也发生了相应的变化。环境的变化对社会主义意识形态传播形成新的挑战，也直接影响新时代思想政治教育主导性的强化。在历史方位发生变化的背景下，党中央通过对意识形态的有效治理，推动社会主义意识形态在国内场域、国际场域以及网络场域的多维传播。党对意识形态的有效治理是指共产党掌握意识形态的领导权和管理权，党能够整合多种社会资源，协调多元主体的利益关系，巩固社会主义意识形态在全社会中的指导地位，使之成为社会主流思想，即有效治理包括"上升为主导，下沉为主流"①的两个过程。这两个过程的形成离不开"稳定国内场域""争取国际场域"和"占领全媒体场域"②的多维传播。

（一）稳定国内场域，凝聚思想共识

社会主义意识形态是一种理论体系，理论只有内化为广大人民群众的思想意识才能发挥对思想和行动的指导作用。因此，社会主义意识形态在国内场域的传播目标是通过对社会主义理论体系的解读阐释，促成广大人民群众的认可。一方面，面对西方意识形态的渗透，党必须从"弘扬主旋律"的角度出发，创新利用各种传播载体宣传解读中国特色社会主义理论体系，尤其要注重将高深系统的理论与人民群众的日常生活实践对接，将专业的政治话语、学术话语转化为日常话语、生活话语。另一方面，理论必须回应现实，在国内场域传播社会主义意识形态必须对广大人民群众关注的热点焦点问题及时进行回应。国外社会思潮为什么能够在一些中国人民中进行渗透，其中有一个相当重要的原因是它们总是抓住民众关注的焦点问题披上理论的外衣。及时回应社会现

---

① 范美香：《新时代意识形态治理的使命担当与实现路径》，《南通大学学报（社会科学版）》2019年第4期，第15页。

② 范美香：《新时代意识形态治理的使命担当与实现路径》，《南通大学学报（社会科学版）》2019年第4期，第20页。

实，包括对人民群众关注的重大突发事件及时进行官方报道，主动公开透明地发布相关事件的信息，有效避免谣言对党和政府的"污名化"，不为西方社会思潮的隐性渗透提供机会；同时也包括对人民群众关注的民生问题及时回应报道，在报道中传播党的路线方针政策，弘扬社会主义核心价值观，实现对社会舆论的正确引导，为社会主义意识形态创设良好的舆论环境。

（二）争取国际场域，塑造国际形象

历史方位发生转变的表现之一是中国日益走向国际舞台中央，在国际上的影响力不断加强，但中国特色社会主义话语体系在国际上的影响力还不强，意味着话语体系被感知或认可的可能性空间受到压缩，而西方敌对势力也抓住一切机会加大对中国进行"污名化"，"现在国际舆论格局总体是西强我弱，我们往往有理说不出，或者说了传不开"[①]。因此，党中央提出要讲好中国故事、传播好中国声音，构建对外话语体系，掌握国际意识形态传播的主动权。一方面，通过讲好中国故事，宣传中国和平发展的理念，使国际社会更好了解中国，击溃国际社会出现的"中国威胁论""中国崩溃论"等恶意舆论。另一方面，创新对外传播的话语体系，加强国际传播能力。二十大报告鲜明指出："加强国际传播能力建设，全面提升国际传播效能，形成同我国综合国力和国际地位相匹配的国际话语权。"[②]习近平指出"把'陈情'和'说理'结合起来，把'自己讲'和'别人讲'结合起来"[③]，通过用海外受众易于

---

① 中共中央宣传部编：《习近平总书记系列重要讲话读本》，北京：人民出版社，学习出版社2014年版，第104页。

② 习近平：《高举中国特色社会主义伟大旗帜　为全面建设社会主义现代化国家而团结奋斗——在中国共产党第二十次全国代表大会上的报告》，北京：人民出版社2022年版，第46页。

③ 中共中央宣传部编：《习近平新时代中国特色社会主义思想三十讲》，北京：学习出版社2018年版，第5页。

接受的语言及表达方式，清晰阐述中国的立场和主张，在国际社会上塑造中国作为负责任大国的形象，为意识形态在国际上的传播赢得有利的条件，也为国内主流意识形态的传播和治理创造良好环境。

（三）占领全媒体场域，掌握话语权

全媒体场域是新时代社会主义意识形态传播的重要场域，与国内场域和国际场域重叠交叉。在国内，全媒体场域负有抢占舆论最高点的要责，在国际，全媒体场域是对外传播的重要平台之一。思想宣传阵地，无产阶级的思想不去占领，各种非马克思主义的思想就会去占领。"舆论导向正确，是党和人民之福；舆论导向错误，是党和人民之祸。"①一方面，在新媒体技术不断实现质的发展的新时代，全媒体场域就是执政党必须主动占领的宣传阵地。如目前《人民日报》、新华社、共青团等官方主流媒体在微博、微信以及B站、抖音等平台都开设有相应的账号，并且根据各平台用户的观看时间、形式偏好有意识地编排宣传内容，生动宣传党和国家的方针政策或及时回应社会公众关注的重大事件及热点问题。另一方面，党对全媒体场域的占领还要充分利用全媒体"全程、全息、全员、全效"的特点，充分利用大数据和人工智能算法，对不同的受众进行定制化传播，实现"懂你"的精准化推送，切实提高主流意识形态传播的实效性。同时，全媒体时代，"人人都是麦克风"是一把双刃剑，党和政府要充分发挥全媒体无处不在的优势效应，鼓励个体用户原创有利于传播社会主义意识形态的作品，加强审核把关，发挥主流媒体与新兴媒体的整合效应，使"官方话语"与"草根声音"实现良好的融合，以更好地掌握社会主义意识形态在全媒体中的话语权。

---

① 《江泽民文选》（第1卷），北京：人民出版社2006年版，第564页。

第三节　强化社会主义核心价值观主导应对现代化发展挑战

社会主义核心价值观的凝练体现社会主义的发展要求。它以广大人民群众的根本需求为基础，以社会主义发展要求为本质，对于社会主义社会中的多元价值取向具有强大的包容性。强化社会主义核心价值观的主导性是新时代思想政治教育主导性发展的题中之义。进入新时代，党和国家明确社会主义核心价值观的战略定位，指明社会主义核心价值观的培育路径为新时代思想政治教育主导性一元导向强化的突出创造了发展机遇。面对社会现代化发展过程中的挑战和影响，必须继续强化社会主义核心价值观的主导功能，从人民主体的诉求对接、社会主义核心价值观认同的推进以及其培育规律的遵循，化解多变性、多元化以及娱乐化为思想政治教育主导性带来的发展挑战，更好地促进统一性与多样性动态统一。

一、扣准"人民主体"的诉求对接，破解多变性干扰

变化是现代社会的表征之一，多变性对社会主义核心价值观一元主导的干扰既表现于多元社会思潮的渗透影响主流价值思想的稳定性，也表现于多变社会诉求影响价值共识的统一性。面对多变性对一元主导稳定性的干扰，在坚持社会主义核心价值观主导的过程中必须准确把握人

民群众作为核心价值观主体的价值诉求。

（一）始终坚持人民主体性应对多元社会思潮的影响

（1）必须树立人民群众是社会主义核心价值观主体的思想。

马克思认为价值"'value，valeur'这两个词表示物的一种属性。的确，它们最初无非是表示物对于人的使用价值，表示物的对人有用或使人愉快等等的属性……实际上是表示物为人而存在"[①]。因此，价值本身就存在于主体与客体之间相互作用的关系，表现为客体的属性与主体的需求相一致的性质。价值观的产生也源于主体对客体能否满足主体自身需求的判断。面对多元社会思潮的渗透和多元文化的交融交锋，强化社会主义核心价值观的主导性，必须首先明确社会主义核心价值观的主体指向，清晰主体的价值诉求。社会主义核心价值观融于社会主义制度中，是广大人民群众利益诉求的集中体现，也是党和国家对于社会主义实践发展的根本需求。"社会主义核心价值观是价值追求和价值规范的统一"[②]，要突出主体指向，关键要明确价值追求的价值主体以及价值规范的评价主体。在中国特色社会主义制度中，价值主体与评价主体都是广大人民群众。人民主体性贯穿于社会主义核心价值观的内容体系，它首先表现为社会主义核心价值观内容的凝练是以人民群众的需求作为基础的。社会主义核心价值观的终极目标与共产主义的目标是吻合的，是要实现人的自由全面发展。在社会主义社会中，实现人的自由全面发展必须满足人民的需要，坚持人民至上，将人民群众的利益作为发展的基础，才能使社会主义核心价值观得到人民群众的认可和践行。其

---

① 《马克思恩格斯全集》（第26卷）（第3册），北京：人民出版社1974年版，第326页。

② 李千五：《社会主义核心价值观的两层内涵与三类主体》，《人民论坛》2019年第29期，第6页。

次，社会主义核心价值观的人民性表现为其培育与践行必须发挥人民群众的主动性和创造性。唯物史观认为人民群众是历史的创造者，马克思指出"历史活动是群众的事业"①，列宁也指出"生气勃勃的创造性的社会主义是由人民群众自己创立的"②，"人民是历史的创造者，是决定党和国家前途命运的根本力量"③，在社会主义核心价值观主导中突出人民群众主体地位，重视激发人民群众作为主体的内在潜能，发挥人民群众的积极性、主动性、创造性，才能激发人民群众的主人翁意识，最终促成社会主义核心价值观广泛共识的形成。

（2）在社会主义核心价值观中树立人民主体思想应对多元思潮的影响。

伴随着中国社会的变革及利益格局的调整，不同阶层的思想观念活跃于思想领域，对人们的思想行为及社会产生深刻的影响。这些不同的思想观念在一定时期内以一定的思想理论为支撑，以社会心理为基础，反映一定群体或阶层的共同利益或要求，并在相应群体中产生传播影响。结合社会思潮的特点，必须在社会主义核心价值观中树立人民主体的思想，才能消解多元社会思潮的干扰。

首先，社会思潮具有现实性。它伴随着一定时期内社会公众最关注的现实问题而出现，符合社会公众阶段性的需求，具有极强的现实观照性。在社会主义核心价值观中树立人民主体思想就是要以人民群众的根本利益作为出发点和落脚点，从国家社会个人三个层面的倡导回应人民群众的现实关切，这样才能对标社会思潮的现实性。其次，社会思潮具有群体性。某一社会思潮往往是特定群体利益诉求的集中体现，同时其

① 《马克思恩格斯全集》（第2卷），北京：人民出版社1957年版，第104页。

② 《列宁全集》（第33卷），北京：人民出版社1985年版，第53页。

③ 习近平：《决胜全面建成小康社会 夺取新时代中国特色社会主义伟大胜利——在中国共产党第十九次全国代表大会上的报告》，北京：人民出版社2017年版，第21页。

传播也会以特定群体熟悉或喜闻乐见的形态出现。因此，社会主义核心价值观不能是空中楼阁的理论建树，社会主义核心价值观的主导作用也不能仅仅通过理论论证来实现，而必须树立人民群众主体性，关注人民群众的现实需要。正如马克思所指出的理论的实现程度"取决于理论满足这个国家的需要的程度"①。再次，社会思潮具有复杂多变性。社会思潮是社会群众心态与理论形态的复合体，因此它也会随社会现实的变化而变化，并且会在社会群体之间存在交叉重叠现象；同时，社会思潮在表现形式上还会有反复性，"主要是某些落后消极的社会思潮经过一段时间的沉寂后，在新的历史条件下经过改头换面而重新出现"②。因此，坚持社会主义核心价值观对复杂多变的社会思潮的引领，必须将人民作为价值主体和评价主体，将是否增进"人民幸福安康"作为衡量社会思潮的标准，将人民主体性作为引领社会思潮的方向。

（二）始终坚持满足人民群众需求应对多变诉求的影响

运用一元导向的社会主义核心价值观对多元价值取向进行引领，是思想政治教育主导性的内涵之一。价值取向与利益诉求密切相关。伴随着社会的发展，人们的利益诉求处于不断发展变化中；随着新的阶层和群体的出现，利益诉求也呈现异质多变的状态。异质多变的价值诉求既需要一元导向的引领，也对一元价值导向产生影响，因此必须在多元的利益诉求中寻找根本利益需求，始终以满足人民群众根本利益需求作为应对异质多变诉求的有力工具。

一方面，人民群众的根本利益是社会主义核心价值观内容构建的基础，要保持一元主导内容的相对稳定性，就必须在异质多变的价值诉

---

① 《马克思恩格斯选集》（第1卷），北京：人民出版社2012年版，第11页。
② 张骥：《马克思主义意识形态引领多样化社会思潮若干问题研究》，北京：人民出版社2013年版，第18页。

求中找到共识利益，即必须明确在社会主义核心价值观内容构建中始终突出人民的利益诉求。"'思想'一旦离开'利益'，就一定会使自己出丑"①，恩格斯也强调"每一既定社会的经济关系首先表现为利益"②。另一方面，"人民幸福"是人民利益需求的基础。需求具有客观性和实践性，会随客观现实及人的实践活动发生变化。在中国特色社会主义进入新时代，整个社会的生产力发展水平与以前相比有巨大的差别，人民群众个体的具体需求确实也发生了变化；但是整个社会性质及社会制度依然是不变的，广大人民群众作为中国特色社会主义共建共享的主体，"人民幸福"仍然是中国特色社会主义制度体系内党和国家的根本诉求。虽然人民群众的需求在进入新时代以后由原来的物质文化需求转变为美好生活需求，但是这种转变仍然没有脱离"人民幸福"的根本核心，而只是"人民幸福"这一根本需求在不同社会历史条件下出现不同表现形态。"人民幸福"是党和国家在以人民为中心主导思想下的根本诉求，与广大人民群众对美好生活的需要是相呼应的。以广大人民群众为社会主义核心价值观的主体，将人民幸福诉求与美好生活需求作为核心主线回应引导不同个体的多元多变的价值诉求，进而更好地发挥一元对多元的主导。

二、推进社会主义核心价值观认同，化解多元化冲击

习近平指出："确立反映全国各族人民共同认同的价值观'最大公约数'"③。"最大公约数"的表述指出社会主义核心价值观是社会经济及政治发展的先进性要求的体现和最广大人民群众根本利益诉求的体

---

① 《马克思恩格斯文集》（第1卷），北京：人民出版社2009年版，第286页。

② 《马克思恩格斯选集》（第3卷），北京：人民出版社2012年版，第258页。

③ 习近平：《习近平谈治国理政》，北京：外文出版社2014年版，第168页。

现；同时这一表述也体现社会主义核心价值观的价值包容性，即整合包容引领社会不同阶层社会成员的思想及利益需求。社会主义核心价值观的提出是一种对社会价值取向求同存异思维的呈现。在新时代强化社会主义核心价值观的主导实际就是新时代思想政治教育主导性在社会成员思想观念统一性与多样性问题上辩证统一关系方面的体现。社会主义核心价值观的提出为思想政治教育主导性如何主导指明思路，但是，主导性效果的强化离不开社会主义核心价值观认同的推进。

随着现代化的持续推进，中国特色社会主义市场经济体制的不断完善，市场主体多元成为必然；伴随改革开放的持续推动，多元思想交融交锋成为常态；经济和社会的发展使个体独立意识和自主意识越发突出，个性化诉求突显，多元价值取向的融合纷争成为现代社会明显的特征，一元信仰权威难以确立，社会民众对确立共同信仰参与度不高，"相伴生的则是原本不容质疑的、权威性的核心价值被置于多元化的视域中，以一种可供选择的姿态呈现在人们面前"[1]。社会主义核心价值观认同是理性权威的确立，尤其是社会主义核心价值观的倡导是对多元取向的回应，有利于实现社会共识的凝聚以及突显社会主义核心价值观的感召力，因此推进社会主义核心价值观认同可以化解多元化对于一元主导权威的挑战和冲击。

认同是社会心理学概念。心理学认为认同是个体向群体趋同的心理过程；在社会学领域，认同分为个体自我认同和个体的社会认同，其中个体认同被认为是一种反思性理解的自我，是个人在自身经历中不断形成的。也有学者指出，"认同往往指向社会个体或群体对社会现象所形成的共识性看法"[2]。社会主义核心价值观认同是社会个体对核心价值

① 孟凡辉、胡晓红：《思想政治教育公共性的内涵及其构建》，《思想政治教育研究》2019年第5期，第83页。

② 蓝波涛、陈淑丽：《社会主义核心价值观情感认同的实现路径》，《教学与研究》2018年第5期，第91页。

观认知基础上，将其转化为内在的价值取向及外在行为指导的过程，认同实现的标志是社会成员能够自觉将其作为行为参照系，观照自我身份角色及行为取向；同时社会主义核心价值观认同也包含着社会成员作为群体对社会主义意识形态共同信仰和群体情感的形成。党的十九大报告指出"把社会主义核心价值观融入社会发展各方面"[①]，当它能够引起社会民众的情感共鸣，成为社会民众的行为选择时，则是社会主义核心价值观认同的实现。即社会民众认同党和国家所确立的社会价值导向，并且在坚持这一价值导向的基础上，社会民众有自己的价值取向，整个社会在价值取向上呈现出多元价值取向在一元价值导向指引下丰富发展的图景。

关于如何推进社会主义核心价值观认同，有学者从认同过程的机制进行解读（"理论解读机制、内涵教育机制、理论认知与社会实践的联动机制、教化体验到体认固化的心理机制"[②]），也有学者从认知心理学的角度分析"社会主义核心价值观认同机制经历从理性到信仰的思维过程"[③]，还有学者指出社会主义核心价值观认同遵从"从情感共鸣到理性认知再到实践自觉的发展逻辑"[④]；有学者认为认同层次结构包括"认知认同，情感认同，价值认同，行为认同"[⑤]。综合现有分析，基

---

① 习近平：《决胜全面建成小康社会　夺取新时代中国特色社会主义伟大胜利——在中国共产党第十九次全国代表大会上的报告》，北京：人民出版社2017年版，第42页。

② 刘新庚、刘峥：《社会主义核心价值观认同的动力要素与过程机制探索》，《中南大学学报（社会科学版）》2012年第3期，第3—4页。

③ 钱雄、甘永宗：《从理性到信仰：社会主义核心价值观认同机制研究》，《广西社会科学》2016年第11期，第55页。

④ 任志锋：《大学生社会主义核心价值观认同的日常生活维度》，《教学与研究》2016年第12期，第88页。

⑤ 安娜：《社会主义核心价值观认同的层次结构及培育路径探讨》，《思想理论教育导刊》2017年第11期，第75页。

于主导性强化的角度，社会主义核心价值观认同的推进应该是：

第一，认知认同是基础。"人的心理结构是一个认知、情感、意志相统一的三位一体式整体"[①]，认知是社会主义核心价值观认同的基础，尤其是在现代性发展影响中的社会个体，自我意识彰显，必须使他们首先正确认知社会主义核心价值观，理解个体诉求与核心价值观取向之间的相同点，才有可能产生情感倾向进而形成认同。

认知认同包括经验感性认知及逻辑理性认同。党和国家通过各种媒介将社会主义核心价值观渗透于社会公众中，而社会公众对社会主义核心价值观的认知首先是和他们个人的需要以及社会生活工作经历相联系的，在这一层面形成的是对社会主义核心价值观的非系统性的感性经验认知，所以党和国家在社会发展中以及社会生活中融入社会主义核心价值观，主张落细、落小以及落实，这是实现社会主义核心价值观理论体系与社会公众日常生活场景、现实生活的熟练转换和对接。

但是感性层面的经验认知还无法实现认同。受个体需求、个人经历及知识存量差异的影响，社会主义核心价值观所倡导的价值导向可能与社会公众具体的价值取向会存在差异。面对这种差异，需要社会成员运用理性认同。理性认同需要以感性认知作为基础环节。比如，社会主义核心价值观是一个系统性的理论体系，社会公众依靠感性经验认知的可能是社会主义核心价值观的零散片段，需要从整体系统把握其内容，理解其主体是全国各族人民、价值旨归是人民幸福安康，从"知其然"升华为"知其所以然"；比如，社会公众在感性经验认知中认知到社会主义核心价值观导向与个体取向之间的不同点时，能够通过在核心价值观践行中进行知识的系统学习，进而判断推理差异存在原因及性质，并消

---

① 李建华：《社会主义核心价值观构建与践行研究》，北京：人民出版社2017年版，第355页。

除对社会主义核心价值观的质疑及理解上的困惑。当教育对象能够从非系统的感性经验认知上升到系统的理性认同时，社会主义核心价值观的认知认同也就形成了。

第二，情感认同是关键。情感是一种非智力因素。在思想政治教育中，情感是"认识转化为行为的催化剂"[①]。在社会主义核心价值观的认同中，情感认同也是关键环节，是促成认知认同转向实践认同的关键促发点。认知认同的形成主要靠外界的灌输，认知认同的产生一般是基于主体自我保护或自我实现的需要而产生的，它并不是社会公众对社会主义核心价值观发自内心的普遍接受和认可；并且在日常生活中也存在理论与实际脱节的现象，即社会公众对社会主义核心价值观有完整的认知，但是在实际行动上却仍然违背社会主义核心价值观的倡导。从"知其然"到"知其所以然"，再到日常生活中仍然存在的"知其不可而为之"的知行断裂现象表明一元主导的权威被销蚀，主导的成效存在局限性。这也充分说明社会主义核心价值观的认同必须有情感因素的介入。情感对认知发展的影响在于，情感对个体认知发展具有动力和方向引领的作用。情感认同是教育对象产生的积极肯定的主观情绪体验。正面积极情绪体验的深度最终会影响社会主义核心价值观主导功能发挥的程度。

社会主义核心价值观的情感认同过程包括三个方面：一是情绪体验。情感本身就是一种情绪体验，建构在认知认同的层次上。以价值认知为基础，结合自身的需要和经历所作出的情绪反应。以社会主义核心价值观在国家层面的倡导为例，社会民众从理论、历史中认识富强民主文明和谐美丽的价值倡导的重要性和必要性，而国家的繁荣发展给社会

---

① 陈万柏、张耀灿：《思想政治教育学原理》（第二版），北京：高等教育出版社2007年版，第121页。

民众带来的是获得感和安全感的情绪体验。改革开放四十多年以及新中国成立七十多年以来，中国所取得的巨大成就是推进社会主义核心价值观认同的生动教材，广大社会民众也可以从中获得自豪感的情绪体验，进而产生相应的判断性情感。无论是获得感、安全感还是自豪感都是积极的情绪体验，有助于情感共鸣的产生。二是情绪感染。情绪具有传染性，必须以积极情绪体验的产生为契机，尤其是在个人层面价值的倡导，要突出先进榜样或典型的感染性，扩大积极情绪体验的影响范围。正如有的学者所指出的"先进人物所表现出来崇高品质具有极大的感染力和影响力，人们从中可以受到强烈的心灵震撼并产生极大的共鸣"[1]。三是情感共鸣。情绪体验是情感认同的情绪基础，情绪感染是情感认同的重要突破点，而情感共鸣的产生则是社会主义核心价值观情感认同的实现。社会公众能够对党和国家所倡导的社会主义核心价值观产生强烈的情感共振，并且这一积极正向情感稳定根植于社会公众的内心，成为社会公众能够在实践过程中克服困难的强大意志力量。

以认知认同作为基础，使社会公众正确认识社会主义核心价值观的本质和终极诉求并通过情感认同实现情感共鸣，这是社会主义核心价值观发挥主导作用的基础，并促使社会公众在行为上能够自觉以社会主义核心价值观作为价值选择标准，从而消解多元化的消极影响。

三、遵循"内容为王"的培育规律，应对泛娱乐化影响

娱乐本是特定领域内人们愉悦身心、休闲放松的活动和体验。但是随着社会经济的发展、社会公众娱乐需求的不断升级以及伴随新媒体技

---

① 焦亚葳：《重视情感在社会主义核心价值观培育中的作用》，《理论视野》2016年第4期，第77页。

术兴起，娱乐话语及内容依托网络和移动客户端渗透于人们社会生活的各个方面。在思想政治教育主导性中，娱乐渗透则表现为娱乐性与思想性的冲突。在娱乐化成为流行趋势的背景下，面对娱乐性与思想性的冲突、碎片化传播与系统理论宣传之间的矛盾，核心价值观一元主导的发挥应以新媒体技术为载体，始终遵循"内容为王"的培育规律，"坚持有意义与有意思并重的内容导向"[1]，确保社会主义核心价值观的主导成效。

"内容为王"原来是传媒业的经营逻辑，伴随着新媒体技术的兴起，"内容为王"曾一度被"流量为王""平台为王"的呼声所掩盖。但是近几年伴随着"大众麦克风"时代的开启，内容生产传播门槛的降低，受众对优质传播内容的需求也不断提高，"内容为王"又作为一种为受众提供优质传播内容供给、提高生产传播赋能的方式被重新提出。"内容为王"从本质上看，"强调的是一切技术和资源为优质内容生产和传播赋能，内容是主，技术是客"[2]。社会主义核心价值观传播与培育的"内容为王"是指树立产品供给的思维，"坚持思想植入、内容延展和产品植入的理念"[3]创作传播作品，在"有意思"的传播手段中突出"有意义"的思想引领。随着新媒体技术的发展，移动互联网终端、各类App表现出极强的场景性、交互性，并在大数据背景下能进行"懂你"的智能推送，立体的声光电传播以及VR虚拟环境重现还能给受众带去精准丰富的感官体验和环境沉浸感。因此，以新媒体技术作为载体本身就是一种直接的感性刺激和体验，极易吸引受众的注意力。社会主

① 唐亚阳、黄蓉：《抖音短视频与社会主义核心价值观的融合共生：价值、矛盾与实现》，《湖南大学学报（社会科学版）》2019年第4期，第4页。

② 张显峰、张婧：《重提"内容为王"》，《青年记者》2018年第4期，第9页。

③ 张守珩、牟子元：《以"产品供给"思维传播社会主义核心价值观——以青岛大学为例》，《青年记者》2017年第2期，第26页。

义核心价值观在传播过程中的作品创作如果不坚持内容为王，不体现思想引领，不注重理论说服力的提升，就会使受众的理性思维能力被感性体验所消解。同时，由于感官刺激作品的不断产生，在宣传领域中就会不断出现"劣质驱逐良币"的现象，丰富的感官刺激使人们浸润其中，人们无需进行思考和批判，理性思维能力逐步丧失，从而使社会主义核心价值观的主导失效。在社会主义核心价值观培育与传播中遵循"内容为王"，就必须做到三点。

（一）信仰高度与生活温度相结合的内容呈现

遵循"内容为王"就是要体现思想引领，因此，在社会主义核心价值观的传播中必须体现信仰高度。《辞海》中对信仰的解释是"对某种宗教或主义极度信服或尊重，并以之为行动的准则"[①]。信仰一经形成就具有稳定性和持久性的特点，能对人的思想和行为起到主导作用。但是信仰的形成离不开具体的生活场景，它是理性的但不是抽象的。因此，"内容为王"必须是在传播内容中呈现榜样人物信仰的同时对接受众熟悉的日常生活场景。在社会主义核心价值观传播的产品内容构建中必须充分运用先进人物或榜样人物的典型事迹突显信仰高度，同时必须整合受众熟悉的生活事例、真实的社会故事，以教育对象喜爱的方式进行传播，形象化解读社会主义核心价值观。以信仰高度突显思想引领，以生活温度实现具象解读的内容呈现，才能使新媒体技术赋能社会主义核心价值观的传播。

（二）理论深度与情感维度相结合的内容优化

坚持理论的说服力是实现"内容为王"的重要原则之一。社会主

---

① 辞海编辑委员会编：《辞海》，上海：上海辞书出版社1989年版，第647页。

核心价值观三个层面的倡导是一个完整的理论体系。在传播社会主义核心价值观的作品生产中，必须坚持"理论灌输"，尤其是在以感官体验丰富的新媒体技术为载体的传播中，如果不能够完整系统地呈现社会主义核心价值观的理论逻辑和理论深度，那么丰富的感官体验只能沦为形式，而无法真正触动受众的内心思想。同时，"内容为王"的优化就是在坚持理论深度的基础上融入情感维度，既可以用具体化、艺术化的方式塑造带有情感倾向的人物形象，又可以用生活化细节化的方式描述现实生活中的真实人物或真实故事，使情感在以新媒体技术为载体的感官体验中得以升华。因此理论与情感相结合的内容优化，实际就是在社会主义核心价值观主导中实现理性认知与情感认同的结合，从而化解泛娱乐化对社会主义核心价值观的影响。

（三）传统维度与时代维度相结合的内容构建

在社会主义核心价值观传播中，坚持"内容为王"必须以社会主义核心价值观理论魅力的突显为核心，以彰显社会主义核心价值观蕴含的历史传统及时代特色为基础，实现社会主义核心价值观传播中传统维度与时代维度相结合的内容构建。社会主义核心价值观以中华优秀传统文化和社会主义先进文化为根基，凸显中国特色社会主义的发展诉求及人民对美好生活的需求。从历史与时代之维度来看，社会主义核心价值观的理论魅力在于既有中华民族优秀文化及中国共产党革命精神的历史传统基础，又突出新时代的时代特点。因此，在传播核心价值观产品的内容构建中也必须坚持传统维度与时代维度相结合，既要注重运用新媒体技术与传统建筑物或历史遗迹相结合的方式传播中华民族伟大精神及博大精深优秀文化，又要注重从历史传统的角度阐述社会主义核心价值观时代特点的精神命脉，进而完整呈现社会主义核心价值观的理论魅力和理论逻辑。

结　语

　　主导性是思想政治教育活动中的鲜明特性，伴随着国家发展及人民诉求的变化呈现出相应时期的特点。思想政治教育主导性在中国革命建设及改革开放中发挥极其重要的作用，但是如果没有正确理解主导性的本质特征，没有坚持党的正确领导，就会使主导性发生错位，从而影响主导性功能的发挥。因此，正确界定思想政治教育主导性的内涵、论证为何具有主导性既是理论研究的基础，也是在新时代强化思想政治教育主导性的必要前提。

　　首先，以"主导性"的内涵研究为基础可知思想政治教育主导性是相对中的绝对，既坚持人民主体，尊重多元取向，又突出党的领导，强化一元导向。同时，思想政治教育主导性既然是存在于教育实践活动中，也必然涉及教育者与教育对象之间的关系，还表现为思想政治教育者主动主导性及教育对象的主体性。其次，从理论的角度看，马克思主义认为统治阶级在经济基础占有物质资料，他们拥有自由思维的能力和权力，因此他们具备思想主导的主观条件；列宁的灌输论清楚地阐明要坚持思想政治教育主导性，即坚持党的先进理论作为教育内容的主导。在以和平与发展作为时代主题的社会中，虽然没有大范围的革命战争，但是在资产阶级和无产阶级中仍然存在意识形态斗争。因此，必须坚持思想政治教育主导性，使社会公众能够清醒地认识资产阶级意识形态的本质，自觉抵制非主流意识形态的渗透。中国共产党将思想政治工作作

226

为一切工作的"生命线",并在党的革命建设和改革开放实践中形成和发展"生命线"论断。这一系列理论为思想政治教育缘何具有主导性提供理论支撑。

"新时代"具有时间和性质两方面的意义。从时间上看,"新时代"特指党的十八大以后。从性质上看,新时代标志着中国特色社会主义的发展进入新阶段。思想政治教育既是党的优良传统,也是党的政治优势,伴随着新时代中国特色社会主义实践发展呈现出新的时代特色,主导性也随之具有鲜明的新时代特色:党的领导核心地位不断增强、人民为中心取向日益突出、主流意识形态导向更加鲜明以及中国梦的目标指向更清晰突显。

党的十八大以来,党中央高度重视思想政治工作,提出了系列新思想和新论述,突出思想政治工作在新时代的重要定位。党中央也发布相关的文件在实践中提升思想政治工作质量。如2017年印发《关于加强和改进新形势下高校思想政治工作的意见》指出要把理想信念教育放在首位,2017年教育部重新修订《普通高等学校辅导员队伍建设规定》把立德树人作为中心环节,并将思想理论教育和价值引领作为辅导员工作职责的首要任务,2020年发布《教育部等八部门关于加快构建高校思想政治工作体系的意见》指出以立德树人为根本,以理想信念教育为核心,以三全育人机制构建为抓手全面提升高校思想政治工作质量。与此同时,中国特色社会主义进入新时代,思想政治教育也面临新的发展环境。进入新时代,我国的5G技术发展位于世界前列,大数据等新媒体等也进入加速发展阶段,以网络信息技术的发展作为基础的新媒体传播的影响将越来越大,每个人均可成为传播的信息源,这标志着我国进入全媒体时代。十九大报告从中华民族发展的角度、科学社会主义发展的角度以及中国在国际发展作用的角度,用三个"意味"界定中国特色社会主义进入新时代。这三个角度也标明了十八大以来中国历史方位发生转变的视角。党的十八大以来所取得的历史性成就和历史性变革表明中华民族处于历史发展上的新方位；党的十八大以来中国特色社会主义理论的创新和发展，彰显了中国特色社会主义的生机和活力，在世界上举起的中国特色社会主义的伟大旗帜表明了十八大以来的中国在世界社会主义发展史上的新的历史方位；党的十八大以来，中国的世界担当诉求越发彰显，表明十八大以后中国在世界现代化发展史上的新的历史方位。实现社会主义现代化是新时代发展中国特色社会主义的总任务之一，现代化发展既带来经济和社会的发展成就，也带来了思想方面的问题。面对新时代党中央对思想政治工作的高度重视以及新时代所面临的新环境，新时代思想政治教育主导性的时代特性是什么？为什么具有主导性以及为什么需要主导性？党中央自十八大以来不断强化思想政治教育主导性，为其创造了良好的发展机遇，但是新时代社会发展的环境变化也给思想政治教育主导性的发展带来新的挑战，党中央又是如何强化主导性的？本研究主要围绕这些问题进行研究。

坚持教育者的主导主体地位和尊重教育对象的主体性，凸显社会主义意识形态本质，强化社会主义核心价值观的一元导向是新时代思想政治教育主导性的主要内涵。新时代思想政治教育主导性的本质属性是主导性与主体性的实然统一、党性与人民性的实践统一以及统一性与多样性的动态统一。十八大以后党中央着力消解全媒体时代冲击，确保教育者主动主导作用与教育对象主体性的实现；创新意识形态治理回应历史方位转变要求，强化社会主义核心价值观主导性以应对社会现代化发展中的挑战，这些强化方式基于教育者主导作用发挥与教育对象主体性确认、意识形态的突显及社会主义核心价值观一元导向的突出，有利于思想政治教育主导性作用在新时代的发挥。随着第一个百年奋斗目标的实现，更需要为第二个百年奋斗目标统一思想、为中华民族伟大复兴战略全局凝聚价值共识，思想政治教育主导性的价值愈发突显。主导性作为贯穿思想政治教育的重要特性，仍然会随着中国特色社会主义实践发展及中国共产党治国理政思想体系的完善而呈现不同的时代特色，需要不断进行动态追踪，这也是日后研究可以深入和完善的内容。

主要参考文献

一、经典文献类

［1］《马克思恩格斯选集》（第1—4卷），北京：人民出版社2012年版。

［2］《马克思恩格斯文集》（第1卷），北京：人民出版社2009年版。

［3］《列宁选集》（第1—4卷），北京：人民出版社1995年版。

［4］《毛泽东选集》（第1—4卷），北京：人民出版社1991年版。

［5］《毛泽东文集》（第1—2卷），北京：人民出版社1993年版。

［6］《毛泽东文集》（第6—8卷），北京：人民出版社1999年版。

［7］《邓小平文选》（第1—2卷），北京：人民出版社1994年版。

［8］《邓小平文选》（第3卷），北京：人民出版社1993年版。

［9］《江泽民文选》（第1—3卷），北京：人民出版社2006年版。

［10］《胡锦涛文选》（第2—3卷），北京：人民出版社2016年版。

［11］习近平：《习近平谈治国理政》（第1卷），北京：外文出版社2018年版。

［12］习近平：《习近平谈治国理政》（第2卷），北京：外文出版社2017年版。

［13］习近平：《习近平谈治国理政》（第3卷），北京：外文出版社2020年版。

［14］习近平：《习近平谈治国理政》（第3卷），北京：外文出版社2022年版。

［15］习近平：《在全国党校工作会议上的讲话》，北京：人民出版社2016年版。

［16］习近平：《决胜全面建成小康社会　夺取新时代中国特色社会主义伟大胜利——在中国共产党第十九次全国代表大会上的报告》，北京：人民出版社2017年版。

［17］习近平：《高举中国特色社会主义伟大旗帜　为全面建设社会主义现代化国家而团结奋斗——在中国共产党第二十次全国代表大会上的报告》，北京：人民出版社2022年版。

［18］习近平：《在庆祝中国共产党成立100周年大会上的讲话》，北京：人民出版社2021年版。

［19］《中共中央关于党的百年奋斗重大成就和历史经验的决议》，北京：人民出版社2021年版。

［20］《习近平关于社会主义文化建设论述摘编》，北京：中央文献出版社2017年版。

［21］《习近平关于全面建成小康社会论述摘编》，北京：中央文献出版社2016年版。

［22］《习近平关于全面深化改革论述摘编》，北京：中央文献出版社2014年版。

［23］《中共中央国务院关于全面深化新时代教师队伍建设改革的意见》，北京：人民出版社2018年版。

［24］中共中央宣传部编：《习近平总书记系列重要讲话读本》，北京：人民出版社，学习出版社2014年版。

［25］中共中央宣传部编：《习近平总书记系列重要讲话读本（2016年版）》，北京：人民出版社2016年版。

［26］《中国共产党第十八届中央委员会第六次全体会议公报》，北京：人民出版社2016年版。

［27］《中国共产党第十八届中央委员会第五次全体会议文件汇编》，北京：人民出版社2015年版。

［28］《中国共产党第十九届中央委员会第四次全体会议公报》，北京：人民出版社2019年版。

［29］中共中央宣传部编：《习近平新时代中国特色社会主义思想三十讲》，北京：学习出版社2018年版。

［30］《周恩来选集》（上卷），北京：人民出版社1980年版。

［31］《陈云文选》（第1卷），北京：人民出版社1995年版。

［32］《刘少奇选集》（下卷），北京：人民出版社1985年版。

［33］《李大钊全集》（第3卷），北京：人民出版社2013年版。

［34］《陈独秀文集》（第2卷），北京：人民出版社2013年版。

［35］《江泽民论社会主义精神文明建设》，北京：中央文献出版社1999年版。

［36］《江泽民论有中国特色社会主义（专题摘编）》，北京：中央文献出版社2002年版。

［37］《建国以来重要文献选编》（第2册），北京：中央文献出版社1992年版。

［38］《建国以来重要文献选编》（第6册），北京：中央文献出版社1993年版。

［39］《建国以来重要文献选编》（第7册），北京：中央文献出版社1993年版。

［40］《建国以来重要文献选编》（第14册），北京：中央文献出版社1997年版。

［41］中央档案馆编：《中共中央文件选集》（第1册），北京：

中共中央党校出版社1989年版。

〔42〕中央档案馆编：《中共中央文件选集》（第8册），北京：中共中央党校出版社1991年版。

〔43〕中央档案馆编：《中共中央文件选集》（第13册），北京：中共中央党校出版社1991年版。

〔44〕中央档案馆编：《中共中央文件选集》（第14册），北京：中共中央党校出版社1992年版。

〔45〕《三中全会以来重要文献选编》（下），北京：人民出版社1982年版。

〔46〕《十二大以来重要文献选编》（上），北京：人民出版社1986年版。

〔47〕《十三大以来重要文献选编》（上），北京：人民出版社1991年版。

〔48〕《十六大以来重要文献选编》（中），北京：中央文献出版社2006年版。

〔49〕《十六大以来重要文献选编》（下），北京：中央文献出版社2008年版。

〔50〕《十七大以来重要文献选编》（上），北京：中央文献出版社2009年版。

〔51〕《十八大以来重要文献选编》（上），北京：中央文献出版社2014年版。

〔52〕《中国共产党宣传工作文献选编（1915—1937）》，北京：学习出版社1996年版。

〔53〕中共中央宣传部编：《毛泽东邓小平江泽民论思想政治工作》，北京：学习出版社2000年版。

二、学术著作类

［1］石书臣：《现代思想政治教育主导性研究》，上海：学林出版社2004年版。

［2］石书臣：《主导论：多元文化背景下的高校德育主导性研究》，北京：人民出版社2011年版。

［3］陈万柏、张耀灿：《思想政治教育学原理》（第二版），北京：高等教育出版社2007年版。

［4］孙其昂：《思想政治教育学前沿研究》，北京：人民出版社2013年版。

［5］孙其昂、邱建中主编：《思想政治工作学概论》，南京：江苏人民出版社2001年版。

［6］孙其昂：《社会学视野中的思想政治工作》，北京：科学出版社2017年版。

［7］郑永廷：《现代思想道德教育理论与方法》，广州：广东高等教育出版社2000年版。

［8］任志锋：《当代中国社会主义意识形态主导性研究》，北京：中国书籍出版社2015年版。

［9］沈壮海：《思想政治教育有效性研究》，武汉：武汉大学出版社2016年版。

［10］王树荫编：《中国共产党思想政治教育史》，北京：中国人民大学出版社2016年版。

［11］张耀灿主编：《中国共产党思想政治教育史论》，北京：高等教育出版社2017年版。

［12］龚海泉主编：《高等学校思想政治教育史》，武汉：武汉出版社1992年版。

［13］教育部思想政治工作司编：《思想政治教育原理与方法》，

北京：高等教育出版社2010年版。

［14］万福义主编：《思想政治工作简明读本》，北京：人民出版社2000年版。

［15］苏振芳主编：《思想政治教育学原理》，厦门：厦门大学出版社2000年版。

［16］金林南：《思想政治教育学科范式的哲学沉思》，南京：江苏人民出版社2013年版。

［17］《十谈》编写组著：《加强和改进新形势下高校思想政治工作十谈》，北京：人民出版社2017年版。

［18］冯刚主编：《理直气壮开好思政课——把握新时代思政课建设规律》，北京：人民出版社2019年版。

［19］马绍孟：《权威论纲》，北京：高等教育出版社2013年版。

［20］吴康宁：《教育社会学》，北京：人民教育出版社1998年版。

［21］姚会彦、陈炳、高猛：《高校日常教育管理新论：基于交叉思维的专题研究》，杭州：浙江大学出版社2013年版。

［22］韩震主编：《社会主义核心价值体系研究》，北京：人民出版社2007年版。

［23］夏伟东：《变幻世界中的道德建设》，郑州：河南人民出版社2003年版。

［24］孙民：《政治哲学视阈中的意识形态领导权》，北京：人民出版社2012年版。

［25］余长根：《管理的灵魂》，上海：复旦大学出版社1993年版。

［26］侯惠勤：《马克思的意识形态批判与当代中国》，北京：中国社会科学出版社2010年版。

［27］朱继东：《新时代党的意识形态思想研究》，北京：人民出版社2018年版。

［28］王振海等著：《社会组织发展与国家治理现代化》，北京：人民出版社2015年版。

［29］张骥：《马克思主义意识形态引领多样化社会思潮若干问题研究》，北京：人民出版社2013年版。

［30］李建华：《社会主义核心价值观构建与践行研究》，北京：人民出版社2017年版。

［31］杨生平：《论马克思主义意识形态理论的形成和发展》，北京：首都师范大学出版社1998年版。

［32］王沪宁：《政治的逻辑——马克思主义政治学原理》，上海：上海人民出版社2004年版。

［33］王永贵：《马克思主义意识形态理论与当代中国实践研究》，北京：人民出版社2013年版。

［34］陈桂生：《"教育学视界"辨析》，上海：华东师范大学出版社1997年版。

［35］冯平：《评价论》，北京：东方出版社1995年版。

［36］沙颂主编：《社会学概论》，北京：中国经济出版社1999年版。

［37］李诚忠、王序荪：《教育控制论教程》，长春：东北师范大学出版社1991年版。

［38］骆郁廷：《精神动力论》，武汉：武汉大学出版社2003年版。

［39］李合亮：《解析与建构：当代中国思想政治教育的哲学反思》，北京：人民出版社2010年版。

三、期刊类

［1］郑永廷：《试论坚持思想政治教育学科建设的主导性与前沿性》，《教学与研究》2012年第2期。

［2］郑永廷、任志锋：《社会主义意识形态领导权和主导权研

究》，《教学与研究》2013年第7期。

　　［3］石书臣：《思想政治教育主导性概念的界定与内涵》，《学校党建与思想教育》2004年第7期。

　　［4］石书臣：《思想政治教育主导性的生成根源探析》，《广西教育学院学报》2008年第2期。

　　［5］石书臣：《思想政治教育主导关系的转型与发展》，《学校党建与思想教育》2005年第1期。

　　［6］石书臣：《论现代思想政治教育者的主导性》，《探索》2005年第1期。

　　［7］石书臣、唐海玲：《网络环境对高校思想政治教育主导性的影响及应对》，《贵州师范大学学报（社会科学版）》2007年第3期。

　　［8］石书臣：《主导性与多样性的辩证统一——中国特色社会主义理论体系的方法论思考》，《江西社会科学》2008年第3期。

　　［9］索春艳、张耀灿：《习近平思想政治教育主导性研究》，《学校党建与思想教育》2017年第3期。

　　［10］郭鹏飞，肖磊：《人民性与思想政治教育属性本质之关系辩证》，《学校党建与思想教育（高教版）》2015年第11期。

　　［11］冯达成：《论思想政治教育可接受性原则》，《学校党建与思想教育》2004年第9期。

　　［12］董杰：《论后现代主义教育思潮下思想政治教育者的主导性》，《探索》2010年第2期。

　　［13］陈殿林、吴晓侠：《后喻文化时代思想政治教育的主导性研究》，《前沿》2009年第10期。

　　［14］李维昌、盛美真：《论利益多元化背景下思想政治教育的主导性建设》，《求实》2011年第8期。

　　［15］王福民：《论社会主义意识形态主导地位的存在论逻辑》，

《学术研究》2012年第5期。

［16］张艳新：《多元文化激荡对社会主义意识形态主导性的影响及对策》，《理论导刊》2013年第12期。

［17］贾英健：《论社会主义意识形态的主导性》，《理论学刊》2010年第7期。

［18］吴晓斐、王仕民：《多元时代如何增强主流意识形态主导权》，《人民论坛·学术前沿》2017年第15期。

［19］李辉：《新时代与思想政治教育新定位》，《马克思主义理论学科研究》2018年第4期。

［20］邱仁富：《论新时代思想政治教育的亲和力》，《河海大学学报（哲学社会科学版）》2018年第6期。

［21］邱柏生：《新时代高校思想政治教育学科建设面临的若干挑战》，《思想政治教育研究》2019年第1期。

［22］王学俭、顾超：《新时代思想政治教育矛盾的新特点与解决思路》，《思想理论教育》2019年第2期。

［23］孙梦婵：《论新时代思想政治教育主要矛盾》，《思想政治教育研究》2019年第1期。

［24］贾钢涛、张鑫：《新时代思想政治教育话语权建设探析》，《学校党建与思想教育》2019年第3期。

［25］杨静云：《葛兰西文化领导权的实践策略及其当代启示》，《甘肃社会科学》2020年第2期。

［26］余玉花：《论社会主义核心价值体系的主导性》，《思想理论教育》2008年第1期。

［27］杨正江：《也谈主体能动性的构成——与罗宁生同志商榷》，《求索》1992年第1期。

［28］王建新：《论思想政治理论课"主导性"与"多样性"的结

合》，《思想理论教育》2010年第23期。

［29］黄星天：《多元社会思潮中社会主义核心价值体系的主导地位探究》，《广西社会科学》2011年第9期。

［30］孙其昂：《关于思想政治教育本质的探讨》，《南京师大学报（社会科学版）》2002年第5期。

［31］林伯海、周至涯：《思想政治教育主体及其主体性的要素构成新探》，《思想教育研究》2011年第2期。

［32］王小凤：《思想政治教育合法性刍议》，《思想教育研究》2012年第10期。

［33］谷佳媚：《思想政治教育合法性的基础建构》，《黑龙江高教研究》2009年第2期。

［34］黄菊、蓝江：《作为意识形态国家机器的思想政治教育——一个思想政治教育元问题研究》，《武汉理工大学学报（社会科学版）》2009年第1期。

［35］薛广洲：《权威前提与基础的哲学论证》，《中国人民大学学报》1998年第6期。

［36］王学俭、许伟：《思想政治教育权威及权威生成研究》，《思想政治教育研究》2015年第2期。

［37］薛广洲：《权威特征和功能的哲学论证》，《浙江大学学报：人文社会科学版》1998年第3期。

［38］彭先兵、覃正爱：《马克思主义政治权威观探析》，《马克思主义研究》2018年第7期。

［39］双传学、范美香：《思想政治教育权威的现代转型》，《探索》2015年第2期。

［40］郝先中：《新时期思想政治工作"生命线"内涵的时代特征》，《毛泽东思想研究》2002年第1期。

〔41〕韩迎春、皮艳清：《"生命线"论断新发展》，《求实》2010年第3期。

〔42〕骆郁廷：《改革开放30年来高校思想政治教育的历史发展》，《思想理论教育》2008年第19期。

〔43〕韩振峰：《核心意识是政治意识的内核，大局保证》，《人民论坛》2016年第33期。

〔44〕苏泽宇、丁存霞：《新时代中国梦价值认同的逻辑演进》，《哲学动态》2018年第7期。

〔45〕陈曙光、刘小莉：《坚持党性和人民性的统一》，《前沿》2019年第5期。

〔46〕陈雄、吕立志：《中国共产党党性与人民性统一的内在逻辑》，《党建》2019年第12期。

〔47〕王光明：《新时代坚持和完善党的领导的内在逻辑》，《新疆社会科学》2020年第1期。

〔48〕郑永廷：《社会主义核心价值观主导与多样价值追求协调新常态研究》，《社会主义核心价值观研究》2015年第1期。

〔49〕左殿升、谭红倩：《习近平新时代思想政治工作观论析》，《理论学刊》2018年第1期。

〔50〕黄伟力：《正确的政治方向是新时代党的政治建设的灵魂》，《马克思主义研究》2018年第8期。

〔51〕李冉：《深刻认识和把握以人民为中心的发展思想》，《马克思主义研究》2017年第8期。

〔52〕王向明：《正确认识"两个维护"的深刻内涵》，《人民论坛》2019年第25期。

〔53〕蔡震宇、薛勇：《国家治理视域下高校思想政治教育理念创新研究》，《黑龙江高教研究》2020年第6期。

［54］邹绍清：《论意识形态的党性和人民性统一及其实践路径——兼论思想政治教育创新的实践导向》，《马克思主义研究》2014年第7期。

［55］郑未怡：《思想政治教育学科"四个服务"目的的理论逻辑》，《思想政治教育研究》2018年第6期。

［56］项敬尧：《论坚定思想政治教育政治性的三重向度》，《教学与研究》2019年第2期。

［57］杨晓慧、张泽强：《"四个服务"：高校思想政治工作新理念》，《中国青年政治学院学报》2017年第3期。

［58］刘文、郑大俊：《价值多元化趋势与如何求同存异》，《青海社会科学》2017年第2期。

［59］王泽羽、杨玲：《网络时代思想政治教育面临的挑战及对策——来自传播学视角的全新思考》，《黑龙江高教研究》2004年第7期。

［60］李礼：《构建全媒体时代宣传思想工作新格局探赜》，《思想理论教育》2020年第2期。

［61］谢海军：《判断新时代中国特色社会主义历史方位的四个维度》，《中州学刊》2018年第1期。

［62］李超民：《牢牢掌握新时代意识形态工作管理权》，《学术论坛》2019年第2期。

［63］王娟：《提升新时代社会主义意识形态凝聚力和引领力论略》，《思想理论教育导刊》2020年第2期。

［64］赵勇、倪向阳：《新时代中国共产党意识形态领导权的建设方略》，《思想理论教育》2018年第12期。

［65］卫倩平：《审视与超越：教师权威由非理性向理性的回归》，《教育探索》2009年第12期。

［66］张良才、李润洲：《论教师权威的现代转型》，《教育研究》2003年第11期。

［67］沈骑：《困惑·理解·误构——基于后现代知识观的教师角色研究》，《教育发展研究》2008年第2期。

［68］朱国伟：《虚拟社会意识形态治理的理论要求》，《思想理论教育》2016年第6期。

［69］范美香：《新时代意识形态治理的使命担当与实现路径》，《南通大学学报（社会科学版）》2019年第4期。

［70］蓝波涛、陈淑丽：《社会主义核心价值观情感认同的实现路径》，《教学与研究》2018年第5期。

［71］刘新庚、刘峥：《社会主义核心价值观认同的动力要素与过程机制探索》，《中南大学学报（社会科学版）》2012年第3期。

［72］任志锋：《大学生社会主义核心价值观认同的日常生活维度》，《教学与研究》2016年第12期。

［73］安娜：《社会主义核心价值观认同的层次结构及培育路径探讨》，《思想理论教育导刊》2017年第11期。

［74］王珺颖：《社会主义核心价值观情感认同的培育路径》，《思想教育研究》2019年第12期。

［75］唐亚阳、黄蓉：《抖音短视频与社会主义核心价值观的融合共生：价值、矛盾与实现》，《湖南大学学报（社会科学版）》2019年第4期。

［76］刘梅敬：《新时代思想政治教育获得感的生成逻辑》，《社会科学战线》2019年第7期。

［77］陈金龙：《从第三个历史决议看中国共产党的历史自信》，《马克思主义与现实》2022年第2期。

［78］齐卫平：《历史决议：中国共产党百年奋斗历史认知的建

构》，《俄罗斯研究》2022年第1期。

〔79〕骆郁廷、孔祥鑫：《论中国共产党百年奋斗的历史认同》，《社会主义核心价值观研究》2022年第8期。

四、报纸类

〔1〕《把思想政治工作贯穿教育教学全过程　开创我国高等教育事业发展新局面》，《人民日报》2016年12月9日。

〔2〕《用新时代中国特色社会主义思想铸魂育人　贯彻党的教育方针落实立德树人根本任务》，《人民日报》2019年3月19日。

〔3〕《在哲学社会科学工作座谈会上的讲话》，《人民日报》2016年5月19日。

〔4〕《胸怀大局把握大势着眼大事　努力把宣传思想工作做得更好》，《人民日报》2013年8月21日。

〔5〕《坚持正确方向创新方法手段　提高新闻舆论传播力引导力》，《人民日报》2016年2月20日。

〔6〕《在网络安全和信息化工作座谈会上的讲话》，《人民日报》2016年4月26日。

〔7〕《在庆祝中华人民共和国成立70周年大会上的讲话》，《人民日报》2019年10月2日。

〔8〕《中共中央关于坚持和完善中国特色社会主义制度　推进国家治理体系和治理能力现代化若干问题的决定》，《人民日报》2019年11月6日。

〔9〕《全面贯彻落实党的教育方针　努力把我国基础教育越办越好》，《人民日报》2016年9月10日。

〔10〕《中国共产党第十九次全国代表大会关于〈中国共产党章程（修正案）〉的决议》，《人民日报》2017年10月25日。

〔11〕《在第十八届中央纪律检查委员会第六次全体会议上的讲

话》，《人民日报》2016年5月3日。

［12］《中共中央关于加强党的政治建设的意见》，《人民日报》2019年2月28日。

［13］《勇做走在时代前面的奋进者开拓者奉献者》，《人民日报》2013年5月5日。

［14］《在同各界优秀青年代表座谈时的讲话》，《人民日报》2013年5月5日。

［15］《在庆祝建党95周年大会上的讲话》，《人民日报》2016年7月2日。

［16］《举旗帜聚民心育新人兴文化展形象　更好完成新形势下宣传思想工作使命任务》，《人民日报》2018年8月23日。

［17］《紧紧围绕坚持和发展中国特色社会主义　深入学习宣传贯彻党的十八大精神》，《人民日报》2012年11月19日。

［18］《高举中国特色社会主义伟大旗帜　为决胜全面小康社会实现中国梦而奋斗》，《人民日报》2017年7月28日。

［19］《坚持中国特色社会主义教育发展道路　培养德智体美劳全面发展的社会主义建设者和接班人》，《人民日报》2018年9月11日。

［20］《在同全国劳动模范代表座谈时的讲话》，《人民日报》2013年4月29日。

［21］《在纪念五四运动100周年大会上的讲话》，《人民日报》2019年5月1日。

［22］《沿用好办法　改进老办法　探索新办法——三论学习贯彻习近平总书记高校思想政治工作会议讲话》，《人民日报》2016年12月11日。

［23］《在庆祝改革开放40周年大会上的讲话》，《人民日报》2018年12月19日。

［24］《推动媒体融合向纵深发展　巩固全党全国人民共同思想基础》，《人民日报》2019年1月26日。

［25］《习近平向全国广大教师致慰问信》，《人民日报》2013年9月10日。

［26］《做党和人民满意的好老师》，《人民日报》2014年9月10日。

［27］《青年要自觉践行社会主义核心价值观——在北京大学师生座谈会上的讲话》，《人民日报》2014年5月5日。

［28］《在纪念马克思诞辰200周年大会上的讲话》，《人民日报》2018年5月5日。

［29］《在北京大学师生座谈会上的讲话》，《人民日报》2018年5月3日。

［30］《在纪念毛泽东同志诞辰120周年座谈会上的讲话》，《人民日报》2013年12月27日。

［31］《中共中央关于制定国民经济和社会发展第十四个五年规划和二〇三五年远景目标的建议》，《人民日报》2020年11月4日。

［32］《弘扬伟大建党精神坚持党的百年奋斗历史经验　增加历史自信增进团结统一增强斗争精神》，《人民日报》2021年12月29日。

［33］《弘扬伟大建党精神和延安精神　为实现党的二十大提出的目标任务而团结奋斗》，《光明日报》2022年10月28日。

五、译著类

［1］［美］西摩·马丁·李普塞特著：《政治人——政治的社会基础》，郭为桂、林娜译，南京：江苏人民出版社2013年版。

［2］［法］让-马克·夸克著：《合法性与政治》，佟心平、王远飞译，北京：中央编译出版社2008年版。

［3］［德］雅斯贝尔斯著：《什么是教育》，邹进译，北京：生

活·读书·新知三联书店1991年版。

〔4〕〔意〕安东尼奥·葛兰西著：《狱中札记》，曹雷雨、姜丽、张跣译，郑州：河南大学出版社2014年版。

〔5〕〔德〕哈贝马斯著：《交往与社会进化》，张博树译，重庆：重庆出版社1989年版。

〔6〕〔苏〕瓦·阿·苏霍姆林斯基著：《和青年校长的谈话》，赵玮译，上海：上海教育出版社1983年版。

六、外文类

〔1〕Terry Eagleton. *Ideology An Introduction*[M]. London: Verso, 1991.

〔2〕Soek-Fang Sim.Obliterating The Political: One-party ideological dominance and the personalization of news in Singapore 211[J]. *Journalism Studies*. 2006（8）.

〔3〕Knuckey J. Ideological Realignment and Partisan Change in the American South, 1972-1996[J]. *Politics and Policy*. 2010（2）.

〔4〕John Hulsey; Soeren Keil.Ideology and Party System Change in Consociational Systems: The Case of Non-Nationalist Parties in Bosnia and Herzegovina[J]. *Nationalism and Ethnic Politic*. 2019（10）.

后　记

　　党的十八大以来，党中央高度重视思想政治工作，提出了系列新思想和新论述，突出思想政治工作在新时代的重要定位。主导性是思想政治教育活动中的鲜明特性，贯穿于思想政治教育的始终。随着新时代中国特色社会主义实践的发展以及中国特色社会主义理论体系的不断完善，思想政治教育主导性也将不断发展强化，并为第二个百年奋斗目标的实现凝聚价值共识。

　　本书是在博士论文基础上修改完善而成。2005年我来到华南师范大学思想政治教育专业求学，本科4年的学习，让我对思想政治教育愈发地喜爱。2009年我获得免试攻读华南师范大学思想政治教育硕士研究生的机会，3年的专业课深造，更是让我坚定了专业自信。毕业后5年的我，经过两次备考，终于有机会再次进入思想政治教育专业课学习的殿堂。因此，在博士论文选题时，我坚持要选择一个与学科本体论相关的课题，希望能够在我热爱的学科上有更多的研究。

　　我是怀着一颗感恩的心走上攻读博士学位道路的。我的导师刘海春教授既是我的硕士生导师，也是我的博士生导师。2012年硕士毕业后，由于工作和家庭的原因，我和刘老师的联系不多，可是当刘老师知道我打算读博时，他第一时间回复我的邮件，对我考博给予了极大的肯定和鼓励。第一次备考失败，是刘老师鼓励我调整心态定能成功。在博士论文选题阶段，我曾经对自己的题目表示怀疑，也是刘老师多次肯定，提出细致指导意见让我能够坚定地开展研究。在博士论文写作过程中，刘老师更是经常在深夜给我发送论文相关资料，帮我明晰思路，在我焦虑彷徨时刘老师也是经常安慰我不要担心，调整心态。感谢生命中能遇上这样一位好导师。

感谢华南师范大学马克思主义学院导师组的陈金龙教授、王宏维教授、刘卓红教授、魏则胜教授、关锋教授、王京跃教授、张青兰教授、霍新宾教授。陈金龙教授教会我治学要严谨，王宏维教授经常督促我们要坚持博士论文写作，怀念每次上完课在校道上与王老师探讨问题的日子；刘卓红教授上课时的旁征博引令我非常佩服；魏则胜教授经常告诫我们要多读书，读哲学书，怀念魏老师带着"大棒"到课堂督导我们读书的日子；关锋教授在给我们上原著课时，渊博的知识和独到的见解让我十分佩服；王京跃教授在我博士复试时曾经让我思考为什么要读博，这个问题一直勉励我不忘初心，严谨求学，在论文预答辩后王老师还就我论文中的问题给了我细致的指导意见；还有张青兰教授，在论文开题时也给予我详细的指导意见；霍新宾教授在上课时传授了很多文献检索的新技能。感谢各位老师对我学术研究道路的细致指导。

感谢同门大师姐曾汉君教授在我博士论文写作中多次给我提出详细的指导意见，感谢周碧蕾师姐在我焦虑彷徨时经常听我倾诉，感谢万东方师弟多次帮我邮寄申请材料，感恩能够在"刘老师同门之家"中学习成长。

感谢华南农业大学马克思主义学院对本书出版的资助，也感谢广东人民出版社时政读物出版中心的细致工作。

最后，我还想感谢我的老公和孩子。作为一名军人，他经常说军功章里有我的一半，其实，我能在攻读博士学位的道路上走下来，也有他的功劳。虽然因为职业原因，照顾孩子的任务他不能时常兼顾，可是只要他有时间，他一定会克服一切困难保障我的论文写作，也会在我无助焦虑时坚定我的信心。而我的孩子，他经常跟别人说，我的妈妈很忙，她要写论文。我想，正是因为有了孩子，所以我想成为一个更好的自己，为他树立榜样。

黄煌华

2023年8月7日